AF613429

EXPOSITION UNIVERSELLE DE VIENNE

EN 1873.

SECTION FRANÇAISE.

RAPPORT SUR LA GÉOGRAPHIE,

PAR

M. E. LEVASSEUR,

MEMBRE DU JURY INTERNATIONAL.

PARIS.

IMPRIMERIE NATIONALE.

M DCCC LXXV.

EXPOSITION UNIVERSELLE DE VIENNE

EN 1873.

SECTION FRANÇAISE.

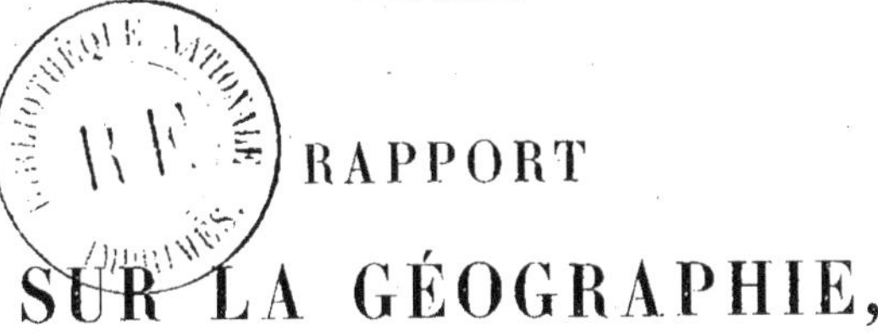

RAPPORT SUR LA GÉOGRAPHIE,

PAR

M. E. LEVASSEUR,

MEMBRE DU JURY INTERNATIONAL.

PARIS.

IMPRIMERIE NATIONALE.

M DCCC LXXV.

GÉOGRAPHIE.

La géographie occupait à l'Exposition de Vienne une place considérable; elle couvrait à elle seule près de la moitié des surfaces consacrées à l'instruction.

Un géographe doit s'en réjouir. S'il prenait ce fait comme un témoignage éclatant de la grandeur de la science qu'il cultive, de l'intérêt croissant qu'elle inspire, surtout depuis quelques années, à l'ouest comme à l'est du Rhin, des efforts qu'on fait pour en perfectionner le matériel et pour en répandre l'enseignement, il aurait incontestablement raison. S'il allait jusqu'à penser que son importance dans les préoccupations intellectuellés des peuples est exactement proportionnelle à l'espace qui lui avait été réservé sur les murailles du palais, il se ferait illusion. La géographie produit surtout des cartes, des reliefs, des globes, des appareils qui prennent beaucoup de place et qui, étalés, frappent les regards, comme des peintures, fixent l'attention même des ignorants, et peuvent être plus facilement appréciés par un jury que des livres rangés sur des rayons, ou des méthodes exposées dans un rapport. C'est pourquoi la géographie est d'ordinaire plus empressée à ces concours que telles autres branches de l'enseignement.

Les cartes ne sont pas, à beaucoup près, toute la science géographique; mais elles en sont une partie considérable. Elles expriment la physionomie des contrées; elles résument et elles classent à leur place les connaissances susceptibles d'être localisées; elles le font par des procédés qui varient suivant la nature des objets à figurer et la grandeur de la représentation. Mais, quels que soient l'objet et l'échelle, l'impression qu'on reçoit de l'image est d'autant plus propre à instruire que l'artiste a su plus habilement choisir et marquer les traits caractéristiques. Pour bien voir et bien se figurer une contrée sous un aspect quelconque, l'écolier comme le savant, le militaire et le marin, ont également besoin d'une carte; sans bonnes cartes, il ne saurait y avoir de bon enseignement géographique.

Quelque large que fût la place faite à la géographie dans le groupe XXVI, le jury ne s'en est pas contenté : sur la proposition de la sous-section chargée de cette partie du travail, il a étendu son examen hors de son propre domaine, et il a été dans plusieurs autres groupes chercher, juger et souvent récompenser des cartes, des plans en relief, des ouvrages.

I

LES CARTES TOPOGRAPHIQUES ET LES DOCUMENTS ORIGINAUX.

Je crois qu'il a bien fait : en voici la raison. Les cartes destinées à l'enseignement ne peuvent avoir les qualités requises qu'à la condition qu'il existe de bons modèles, et que les cartographes, auteurs et dessinateurs. prennent la peine de les consulter. Ces modèles, les travaux originaux seuls les fournissent : il faut les aller chercher, pour les contrées civilisées, dans les cartes d'état-major, qui sont la source première, et le plus souvent l'unique source d'une topographie exacte. On les trouve aussi dans les grandes cartes géologiques, dressées pour la plupart sur le tracé des cartes d'état-major, mais rendant visible, avec la composition des terrains, la raison d'être du relief du sol et des diversités du modelé; et encore dans les travaux de détail des topographes, des hydrographes. des géologues, des ingénieurs. Pour les contrées qui n'ont pas encore été mesurées trigonométriquement, il faut les aller chercher dans les explorations scientifiques des voyageurs, qui complètent ou rectifient la carte des parties encore mal explorées du globe. Que les modèles fussent exposés dans le groupe des mines, de la guerre ou de l'instruction. le jury les a compris dans ses appréciations, non-seulement pour rendre hommage au mérite, mais pour témoigner hautement du devoir qu'a le géographe, aussi bien que l'historien, de remonter toujours aux sources et d'y puiser. afin de faire une œuvre originale et solide.

Autriche.—L'Autriche était chez elle, elle disposait d'un grand espace, et, plus facilement que les autres États, elle pouvait organiser une exposition complète de cartes topographiques : la matière ne lui manquait pas, car elle possède depuis longtemps dans l'*Institut militaire géographique* un des établissements topographiques les mieux organisés et les plus savants de l'Europe. L'Institut militaire s'est depuis longtemps acquis une réputation méritée par ses belles cartes de l'Italie du nord, dressées à la même échelle que celle de Cassini, et par ses cartes de la monarchie austro-hongroise, à l'échelle du $\frac{1}{144,000}$ et du $\frac{1}{288,000}$. L'Institut continue son œuvre; il reprend aujourd'hui les parties qui ont vieilli et publie de nouvelles feuilles à une échelle généralement plus grande, quelquefois décuple, $\frac{1}{14,400}$, $\frac{1}{28,800}$ et $\frac{1}{75,000}$. Il s'est rendu acquéreur de la carte de l'Europe centrale dressée par le colonel Scheda au $\frac{1}{576,000}$ et fort remarquée à l'Exposition de 1867; il la met au courant et il l'amplifie au $\frac{1}{300,000}$ par l'héliogravure, à l'aide d'un procédé particulier dont il a le secret, de manière à en faire une carte chorographique d'une exactitude rigoureuse et d'une lecture facile. Cette carte, qui comprendra 180 feuilles du prix de 60 kreutzer (1 fr. 50 cent. au pair) et qui paraît par livraisons, doit être achevée au mois de mars 1876. Elle comptera au nombre des œuvres remarquables de la cartographie moderne; elle rendra un service important, non-seulement aux officiers qui en feront un usage personnel, mais aux cartographes qui ont besoin de se procurer à bon marché des modèles sûrs et qui hésitent à prendre la peine de dessiner directement, pour des atlas de petit format, d'après des cartes topographiques à grande échelle.

Dans une exposition additionnelle, qui n'a été installée que durant la seconde moitié de juillet, l'Institut militaire géographique avait réuni les matériaux d'une histoire de la topographie en Autriche : ce n'était pas la partie la moins intéressante pour les amateurs. La France avait assurément devancé l'Autriche dans cet art : on pouvait en juger par une carte de Bohême de 1726, qui rappelait, sans l'égaler, la manière de Jaillot; une autre du même pays, imprimée en 1777, loin d'être meilleure, est encore plus confuse. Il faut arriver aux cartes de 1787 et de 1795, représentant la haute Autriche et la Lombardie, pour constater un progrès sensible; mais c'est une manière nouvelle qui semble inspirée par Cassini et relever encore de la France. Dès les premières années du XIXe siècle, l'Autriche se montre avec un caractère d'originalité plus accentué. Les officiers font de bons levés et ont un dessin expressif : dès 1805, ils semblent déjà comprendre l'utilité des courbes pour limiter la longueur des hachures; cependant la première feuille, sur laquelle la courbe, accompagnée de cotes, interrompt d'une manière bien nette et systématique les hachures, est un plan des environs de Stadt-Klausen dressé en 1834, et postérieur par conséquent d'un an à la publication de la première feuille de notre carte d'état-major. L'Autriche nous a-t-elle devancés dans l'emploi de la chromolithographie?

Je ne saurais le dire avec sûreté; cependant je vois que les premières cartes d'Europe de Scheda, exécutées par ce procédé, remontent à l'année 1843; et je ne me souviens pas que nous ayons eu en France d'œuvres cartographiques de ce genre, à la même époque. Quoi qu'il en soit, l'Institut militaire géographique, qui exposait encore d'autres objets dont nous aurons à parler en traitant des reliefs, n'a cessé depuis cinquante ans de produire des œuvres remarquables par la délicatesse et le fini de l'exécution, non moins que par l'exactitude, bien que chargées parfois de détails, jusqu'au point d'être d'une lecture difficile et de voiler les grandes lignes du terrain sous la multiplicité des accidents secondaires. Il a bien mérité de la géographie, et le groupe XXVI lui avait décerné une médaille de progrès.

Parmi les travaux originaux de l'Autriche figuraient la carte géologique de la monarchie austro-hongroise, par le chevalier de Hauer Hölder; la carte géologique de Fœtterle et Hauer; la carte de Bohême, en voie d'exécution, par Koritska; les cartes statistiques de M. Ficker; la carte ethnographique du baron de Czoernig, qui vient d'être rééditée avec d'importantes modifications; les savantes cartes agricoles du Kustenland, de la Styrie, du Tyrol; l'atlas des cultures et productions de la Cisleithanie, dressé par le Ministère des finances. Ces derniers travaux sont manuscrits et constituent des documents précieux pour la géographie économique; ceux qui les ont admirés ont exprimé un désir que le Ministère satisfera sans doute, celui de les voir imprimés : la publicité seule peut leur donner toute leur utilité.

Hongrie. — La Hongrie, qui a maintenant son administration particulière, et qui met une généreuse ardeur à développer son autonomie, a voulu avoir aussi ses cartes originales : elle a entrepris de nouveaux levés de son territoire. L'*Imprimerie d'État*, qui les publie en chromolithographie, avait exposé plusieurs échantillons remarquables de son savoir-faire, entre autres une carte hypsométrique et une carte des cultures du Tatra, très-expressives.

Suisse. — Plusieurs états-majors ont rendu des services signalés dans le même genre que l'Institut d'Autriche. On connaît depuis assez longtemps déjà la belle carte topographique de la Suisse, dressée à l'échelle du $\frac{1}{100.000}$, sous la direction du général Dufour, et qui, dessinée d'après le système de la lumière oblique, est considérée comme un des types les plus expressifs, en même temps que les plus exacts, du figuré du terrain. Cette carte avait déjà paru complète à l'Exposition de Paris, où elle avait été honorée de la plus haute récompense; le Jury de Vienne n'avait rien à y ajouter, mais il avait de nouvelles œuvres à examiner. La Suisse, hérissée de montagnes couvertes de neige une partie de l'année, n'était guère connue des géographes, il y a un siècle et demi, que par ses cols, comme on peut s'en assurer en jetant les yeux sur quelqu'une des cartes de Delisle. Depuis Saussure, ses neiges, ses glaciers et ses rocs, qui en écartaient nos pères, sont devenus le principal attrait des touristes et des savants dans notre siècle; on en a escaladé les pics, fouillé les vallées, et aujourd'hui il n'y a peut-être pas de contrée en Europe qui ait donné lieu à plus d'études et de travaux topographiques. Nous avons regretté de ne pas trouver à Vienne la réduction au $\frac{1}{250.000}$ de la grande carte du général Dufour, dont la quatrième et dernière feuille a été terminée peu de temps après la clôture de l'Exposition. Mais nous avons trouvé plusieurs des cartes par courbes que des cantons, tels que Lucerne et Zurich, ont données en publiant les levés même des officiers d'état-major. Ce mode de publication a été repris et généralisé par une loi récente, qui a décidé la création d'une carte par courbes, à l'échelle du $\frac{1}{25.000}$ pour toute la partie nord du lac de Genève au lac de Constance, et à l'échelle du $\frac{1}{50.000}$ pour la partie montagneuse du sud. Cette carte, dont plus de cinquante feuilles ont paru et qui doit en avoir 546, représente les eaux en bleu, les courbes sur terre en bistre, avec équidistance de 10 mètres au $\frac{1}{25.000}$ et de 30 mètres au $\frac{1}{50.000}$, les courbes des glaciers et des neiges en bleu; elle peint par une gravure expressive les rochers d'une pente supérieure à 45°; elle est assurément un des chefs-d'œuvre de la cartographie moderne. Loin de décourager les entreprises privées, de pareils travaux les stimulent par l'émulation. Le club Alpin publie aussi au $\frac{1}{50.000}$ des cartes à courbes sur lesquels ses hardis explorateurs ont, dans les hautes régions des neiges, apporté plus d'une fois d'utiles modifications aux levés de l'état-major. Le colonel fédéral de Mandrot, connu par ses travaux topographiques, exposait, outre sa carte de Palestine, une carte du Valais au $\frac{1}{200.000}$, qui rappelle par la finesse du travail, comme par le luxe des détails, la manière de l'Institut d'Autriche, et une carte du canton de Neuchâtel, sur laquelle il exprime, non sans art, le relief par des manières de courbes renforcées et légèrement ombrées de points en bistre sur les versants orientaux. Plus expressifs encore sont les spécimens de figuré du terrain qu'avaient envoyés quatre graveurs et éditeurs suisses: Furrer de Neuchâtel, Leuzinger de Berne, et surtout Müllhaupt de Berne et Wurster de Winterthur; ces deux derniers exposaient des cartes des environs du lac de Lucerne à l'échelle du $\frac{1}{25.000}$, sur lesquelles les courbes, à équidistance de 10 mètres, étaient rehaussées par des ombres à l'estompe assez vigoureuses pour donner tout le relief de la lumière oblique, assez transparentes pour laisser lire la courbe. On a beaucoup disserté sur la lumière oblique; il n'est pas étonnant qu'elle ait de chauds partisans, car nul système ne met les reliefs du sol mieux en saillie; elle a aussi des adversaires déclarés, car, en traitant différemment les mêmes pentes, suivant qu'elles sont ou ne sont pas éclairées, elle ne permet plus de les mesurer avec exactitude à l'intensité des hachures, et elle n'est pas applicable à de légers encaissements de rivières. En combinant la courbe qui mesure avec la lumière oblique qui figure les accidents du terrain, on obtient un système mixte, qui réunit tous les avantages, et qui, déjà préconisé et employé dans des dessins par le génie français, a trouvé sa meilleure expression dans l'exposition suisse.

Je ne dois pas quitter la Suisse sans mentionner la belle carte géologique du Sentis et la grande carte géologique de la Suisse, de A. Escher, dressée par ordre du Ministère de l'intérieur et par la Commission géologique de la Société des sciences naturelles, et qui, déjà exécutée en grande partie, figurait dans la rotonde centrale, en face de la carte du général Dufour, sur le tracé de laquelle elle est établie.

Allemagne. — L'Allemagne aurait pu faire une exposition plus complète de cartes topographiques. Plusieurs États se sont abstenus, ou n'ont produit qu'une partie de leurs œuvres; j'ai cherché en vain le $\frac{1}{100.000}$ prussien, qui n'est pas encore entièrement terminé; le $\frac{1}{80.000}$ rhénan, achevé depuis plusieurs années; le nouveau $\frac{1}{100.000}$ saxon, qui est en voie d'exécution; les cartes à courbes du grand-duché de Bade. La Prusse avait cependant assemblé quelques feuilles de sa grande carte par courbes au $\frac{1}{25.000}$, qui est un agrandissement de son $\frac{1}{100.000}$, et en avait exposé deux exemplaires, l'un portant les teintes hypsométriques en bistre dégradé, l'autre donnant les terrains géologiques : c'est assurément une œuvre considérable, mais qui paraît encore loin d'être achevée. La Bavière avait mis plus d'empressement; outre sa carte au $\frac{1}{50.000}$, qui est d'une bonne exécution, et la carte de l'Allemagne du Sud au $\frac{1}{250.000}$, qui est loin de donner au relief la même expression que le $\frac{1}{250.000}$ suisse, mais qui est d'une remarquable exactitude, elle avait envoyé une nouvelle carte hypsométrique de la Bavière, dressée à l'échelle du $\frac{1}{250.000}$ par le bureau topographique et faite avec une grande clarté de coloris.

Les cartes géologiques étaient en plus grand nombre. Elles avaient été en Allemagne ainsi que dans la plupart des États, placés dans le groupe I, comme le commentaire de l'industrie minière : c'est là que nous avons remarqué, outre le $\frac{1}{25.000}$ prussien, une carte géologique de la haute Silésie, par Rœmer; la carte géologique de la province de Prusse au $\frac{1}{100.000}$, par Berendt; la carte géologique du grand-duché de Hesse au $\frac{1}{50.000}$, publiée par la Société géologique du Rhin; la carte géognostique des provinces rhénanes, par Dechen; la carte géologique de Bavière, qui est publiée chez Justus Perthes, et la carte géologique de toute l'Allemagne, par Dechen.

Nous avons retrouvé aussi deux œuvres depuis longtemps connues et appréciées, et qui, sans être dressées par des bureaux topographiques, ont presque l'échelle et le mérite de cartes d'état-major : l'Europe centrale de Reymann, à l'échelle de $\frac{1}{200.000}$, qui n'est pas encore complétement achevée du côté de la Belgique, et que les auteurs ainsi que l'éditeur, M. Flemming, de Glogau, s'appliquent à améliorer et à mettre au courant à chaque tirage; et l'Europe centrale au $\frac{1}{300.000}$, par Liebenow, à laquelle l'impression en deux couleurs donne une grande clarté, sans que l'exactitude des repères en ait souffert. Avec le $\frac{1}{250.000}$ bavarois et l'Europe centrale de Scheda, que l'Institut d'Autriche réédite au $\frac{1}{300.000}$, ce sont les seules cartes chorographiques qui embrassent un vaste espace comprenant plusieurs États; de ces quatre œuvres, deux sont des entreprises particulières. Une tentative de ce genre avait bien été faite il y a quatre ou cinq ans par le Dépôt de la guerre français, et quelques feuilles qui sont en vente aujourd'hui avaient été exécutées au $\frac{1}{320.000}$ par le procédé de la chromolithographie; mais le succès n'avait pas répondu à l'effort, et la tentative en est demeurée là. Pourquoi a-t-elle mieux réussi dans les pays allemands? Est-ce parce que le territoire, plus morcelé et levé à des échelles diverses, sollicitait de lui-même des travaux d'ensemble? Est-ce parce que le goût de la géographie et l'emploi de bonnes cartes y sont réellement plus grands? Je ne tranche pas la question, mais je constate qu'il est à tous les égards souhaitable que de pareilles œuvres soient exécutées en France et y soient goûtées du public.

Belgique, Pays-Bas, Danemark, Suède et Norvége, îles Britanniques. — Plusieurs bureaux topographiques ont en ce moment une double tendance qui mérite d'être encouragée : faire, d'une part, des cartes à très-grande échelle, du $\frac{1}{10.000}$ au $\frac{1}{25.000}$, de manière à rendre avec une grande précision de détails le figuré du terrain et à satisfaire aux exigences croissantes des militaires et des ingénieurs; d'autre part, faire par réduction des cartes chorographiques qui donnent des vues d'ensemble précises, utiles aux voyageurs et aux militaires, et j'ajouterai, pour la raison que j'indiquais plus haut, très-utiles aux cartographes. Dans l'intérêt de la diffusion des bonnes cartes et de l'amélioration de l'enseignement, le groupe XXVI prenait ce dernier usage en grande considération : il a remarqué le $\frac{1}{100.000}$ belge avec courbes, dont une seule feuille, sur quatre, est publiée, et qui, avec la carte d'état-major avec courbes en noir à l'échelle de $\frac{1}{400.000}$ et la carte en chromolithographie à $\frac{1}{200.000}$, formera pour la Belgique un ensemble très-satisfaisant; le $\frac{1}{200.000}$ néderlandais, en 19 feuilles, qui est achevé et qui est une très-belle réduction de la belle carte d'état-major au $\frac{1}{50.000}$; le $\frac{1}{100.000}$ danois avec courbes, qui ne donne encore que Sélande et les îles voisines, et qui est une réduction de la carte d'état-major au $\frac{1}{80.000}$. C'est un des principaux motifs sur lesquels est fondée la médaille décernée aux Bureaux topographiques de la Belgique, des Pays-Bas et du Danemark.

Dans cette énumération, mentionnons la carte de la Suède dressée par le corps topographique au $\frac{1}{100.000}$ pour l'ensemble de la monarchie, au $\frac{1}{200.000}$ pour les cartes provinciales, et commencée dès 1832; et la carte de Norvége par bailliage au $\frac{1}{200.000}$; c'est sur ce fond que la Suède et la Norvége travaillent à dresser leur carte géologique.

L'Angleterre n'avait pas paru dans ce concours : elle y aurait tenu une place distinguée avec sa carte d'état-major, dite «Ordnance Map» et en cours d'exécution, publiée à l'échelle de 6 pouces pour mille $\frac{1}{10.550}$ et de 1 pouce pour mille $\frac{1}{63.300}$; avec la belle carte géologique dressée sur ce fond et commencée sous la direction de Murchison, et avec les publications de l'«Ordnance Survey» sur le nivellement et sur l'hydrographie des îles Britanniques.

Italie, Espagne, Portugal. — Je passe rapidement sur l'Italie, qui ne présentait que quelques feuilles de la carte géologique imprimée sur le fond du $\frac{1}{50.000}$ piémontais, et qui aurait pu produire dans ce concours ses deux cartes à courbes de la Sicile, œuvres importantes, bien qu'un peu confuses au premier aspect. Je passe également sur l'Espagne, qui, depuis 1856, sous la direction du général Haûez, procède à sa triangulation avec des instruments d'une précision remarquable et avec le soin le plus minutieux : jusqu'ici elle n'a encore publié que des travaux préparatoires à la cartographie proprement dite; et les deux seules cartes topographiques qu'elle puisse produire sont la carte routière au $\frac{1}{500.000}$, publiée par l'état-major, mais sans le figuré du terrain, et l'atlas au $\frac{1}{200.000}$ des provinces espagnoles, dû aux efforts persévérants d'un particulier, le colonel Coello, qui a été justement récompensé par une médaille, bien que son atlas ne soit pas encore terminé. Je n'insiste pas non plus sur le Portugal qui exposait, au milieu de ses produits agricoles, les douze premières feuilles de sa carte d'état-major au $\frac{1}{100.000}$ avec courbes, imprimée en lithographie.

Turquie, Égypte et Grèce. — La Turquie appartient à l'Orient et presque à l'Asie. C'est en quelque sorte un autre monde; la géographie y entre dans le domaine des esquisses approximatives, des simples déterminations astronomiques; ce n'est que sur un petit nombre de points que les cartes peuvent, à quelques distances des côtes, être établies d'après des données précises de triangulation et de nivellement.

La Turquie exposait une grande carte manuscrite de ses provinces européennes, à l'échelle du $\frac{1}{400.000}$, dressée à l'aide de la carte de Kiepert et des documents des Compagnies de chemins de fer, par MM. Stuchlick et Moretti, et qui pourra très-probablement être mise à profit par Handkte pour sa carte topographique de la Turquie au $\frac{1}{600.000}$, dont la gravure est presque achevée aujourd'hui. Elle exposait aussi, dans le cercle oriental, une autre carte manuscrite intéressante : c'était la carte économique de l'empire Ottoman, donnant les forêts, les cultures, les industries, les marchés, et dressée, sur les renseignements fournis par les consuls des diverses provinces, par les soins de MM. Schfelfer, de Schwegel et Moritz Hirsch de Gereuth.

L'Égypte intéressait surtout par les cartes géologiques de Figary-bey, qui datent déjà d'une dizaine d'années. Elle ne pouvait pas encore exposer les résultats du voyage de Schweinfurth, qui sont de date postérieure.

Nous parlerons plus loin des reliefs qui n'ont presque jamais la valeur d'un document original : le *relief du Bosphore*, exécuté sous la direction des mêmes personnes, fait exception; c'était un très-grand relief (à l'échelle de $\frac{1}{2.500}$) qui occupait presque toute la largeur de la galerie, et autour duquel on pouvait faire une instructive promenade topographique, distinguer les maisons de Constantinople, ses nombreux minarets, ses murailles et ses tours carrées, les vastes bâtiments du sérail, le vert vallon qui coupe la ville en deux parties, et, depuis Galata jusqu'à peu de distance de la mer Noire, la série ininterrompue des villages et des villas qui, au pied d'un long rang de collines et de montagnes, coupées çà et là par d'étroites vallées, bordent les deux rives du Bosphore. Le jury l'a honoré d'une de ses récompenses.

La France aurait pu montrer qu'elle avait sa part dans l'étude de ces pays encore mal connus; à côté des cartes de Turquie par Kiepert, par Scheda ou par Handkte, de Bosnie et d'Herzegovine, par Roskiéwicz, de la carte géologique, par Hochsteller, elle aurait pu placer les voyages de Lejean, les travaux descriptifs et archéologiques d'Heuzey, de Perrot, la carte géologique de Crète de Raulin, la carte topographique de Morée dressée autrefois par les officiers français; les travaux de Desjardins sur les bouches du Danube et l'atlas publié par la commission du Danube n'ont paru qu'après la clôture de l'Exposition. Dans la Turquie d'Asie, elle aurait pu, à côté des voyages déjà anciens de Tchihatcheff, de la carte de Van de Velde ou des explorations anglaises en Palestine, placer le voyage de Perrot en Asie Mineure, la carte de la montagne des Ansariés de G. Rey, les cartes du Liban et de la Phénicie dressées par les officiers de l'état-major français, le voyage du duc de Luynes.

En Afrique, à côté des plus célèbres voyages et des plus fructueux pour la science, auraient pu prendre place les travaux de M. d'Abbadie sur l'Abyssinie.

Russie. — La Russie déploie une grande activité cartographique. L'espace ne lui manque pas, puisqu'elle occupe plus de la moitié de l'Europe, et qu'avec ses possessions asiatiques elle s'étend sur un territoire deux fois grand comme cette partie du monde. Cet espace est resté longtemps presque inexploré. Elle en a mesuré et levé presque toute la partie européenne; elle en a publié déjà près de la moitié au $\frac{1}{126.000}$ et près des deux tiers au $\frac{1}{420.000}$, en chromolithographie. Elle a en outre étudié la région montagneuse du Caucase, et en a dressé plusieurs cartes, dont une seule, celle au $\frac{1}{840.000}$, figurait à l'Exposition. Elle pousse ses reconnaissances à travers la haute Asie, sur laquelle des considérations politiques, non moins que la curiosité géographique, fixent aujourd'hui son attention; elle montrait une carte nouvelle du pays de Kouldja, des plans de Tachkend, de Samarcande, une étude de l'ancien lit de l'Amou-Daria. C'est une œuvre immense et d'autant plus intéressante pour la géographie et pour l'enseignement, que les contrées dont elle donne la figure exacte étaient moins connues. Le Jury du groupe XXVI a décerné une médaille de progrès au Bureau topographique militaire de Russie; plus libéral, le Jury du groupe de l'art militaire lui a voté un diplôme d'honneur, et l'a principalement motivé sur le procédé Mariotte, qui permet, à l'aide de l'héliogravure, d'obtenir directement, à une échelle quelconque et sans l'assistance du burin, la transformation du dessin en une planche gravée : précieuse ressource pour un pays qui a encore peu d'ouvriers habiles en ce genre et qui veut mener promptement à bonne fin un travail considérable.

La Russie exposait, en outre, une belle carte de la Finlande, à l'échelle du $\frac{1}{400.000}$, publiée par le Bureau général d'arpentage, et plusieurs cartes statistiques et agronomiques dressées par le Bureau central de statistique de Russie, entre autres l'intéressante carte des cultures, à l'échelle du $\frac{1}{2,520,000}$, que les membres du Congrès de statistique avaient déjà eu l'occasion d'apprécier à Saint-Pétersbourg, en 1872, et que nous regrettons de ne pas voir plus connue et plus répandue; nous n'avons pas remarqué à Vienne la carte de la Russie d'Europe au $\frac{1}{1,080,000}$, publiée par la Société de géographie de Russie, qui peut être considérée aussi comme une des sources de la cartographie.

Asie et Océanie. — Au delà, du côté de l'Orient, il n'y avait plus qu'à glaner. Les Russes et les Anglais sont aujourd'hui les principaux explorateurs de ces contrées : Semenow, Fedtchenko, Sewertzow, Venioukow, Goloubew ont commmencé à faire connaître l'orographie des hautes terres du Turkestan; l'Institut militaire d'Autriche vient, postérieurement à l'Exposition, de réunir dans une grande carte de l'Asie centrale les connaissances acquises sur cette région. L'Angleterre, qui a entrepris la triangulation de l'Inde, travaille de son côté à faire connaître une des plus importantes parties de l'Asie par la publication des cartes, à l'échelle d'un pouce pour mille ($\frac{1}{63,360}$), que dresse, à Calcutta, le « Topographical Survey ». Ces travaux n'étaient pas à Vienne; mais une carte indigène, dont le dessin des côtes paraissait assez précis, marquait combien, à cet égard comme à plusieurs autres, les Japonais sont plus avancés que la plupart de leurs voisins d'Orient.

Les colonies australiennes, principalement Queensland, avaient envoyé quelques nouvelles cartes géologiques, faites pour être étalées sur les murs d'une exposition plus que pour être consultées dans le cabinet. Les îles de la Sonde montraient une œuvre parfaite en chromolithographie, la carte d'état-major des colonies néderlandaises, à l'échelle du $\frac{1}{100,000}$; mais c'était un travail tout européen.

Une des vitrines de l'exposition des colonies françaises renfermait un des plus importants travaux scientifiques qui aient été faits sur l'Asie orientale : les deux volumes et les deux atlas de la relation du voyage d'exploration de l'Indo-Chine, entrepris sous la direction du commandant de Lagrée, et terminé, après la mort du commandant, sous la direction du lieutenant Francis Garnier, qui, de retour en France, a fait la publication. Le Jury a voulu marquer l'estime qu'il faisait du voyage et de la publication, en décernant une médaille de progrès au lieutenant Garnier et une médaille de collaboration au lieutenant Delaporte. Quelques mois après, Garnier périssait au Ton-Kin, victime de son ardent dévouement à la grandeur du nom français, sans avoir peut-être même connu la récompense que le Jury lui avait accordée.

Amérique. — L'Amérique avait aussi fourni son contingent : la carte de la Colombie et du Vénézuéla, par Codazzi, qui est la meilleure et presque la seule carte originale de cette région ; une carte manuscrite du Paraguay dressée au $\frac{1}{356,000}$, par Wiesner, qui portait, ambitieusement peut-être, le titre de topographique et trigonométrique, mais qui néanmoins constitue un document précieux ; le relevé du cours de l'Amazone par Costa Avezado, l'atlas, très-digne de remarque, d'exploration du San-Francisco, publié par ordre de l'empereur ; l'ouvrage de M. Liais ; l'atlas du Brésil, par Candido Mendès de Almeida, le plus complet des travaux d'ensemble entrepris jusqu'ici sur la cartographie du Brésil ; voilà pour l'Amérique du Sud les œuvres qui ont mérité les suffrages du Jury. Si la carte topographique du Chili, dressée par Pissis, avait figuré à l'Exposition, elle aurait certainement été appréciée comme un des travaux cartographiques les plus importants de cette partie du monde, ainsi que les cartes de la côte du Brésil dressées par le commandant Mouchez, de la marine française, et les relevés de l'amiral anglais Fitz-Roy.

L'Amérique du Nord avait des cartes marines, d'une bonne exécution, dressées à diverses échelles, du $\frac{1}{80,000}$ au $\frac{1}{10,000}$; une carte avec courbes de la presqu'île de San-Francisco au $\frac{1}{40.000}$; plusieurs cartes émanant du Ministère de la guerre ; le Jury a surtout remarqué et il a récompensé la seconde édition, encore manuscrite et corrigée sur beaucoup de points, de la carte géologique du globe dressée par un de nos compatriotes qui depuis quelques années s'est fixé aux États-Unis, M. Marcou.

France. — Nous avons réservé notre pays pour en parler en dernier lieu. La France a pu apprendre beaucoup en étudiant ce que font les autres nations ; elle n'a pas eu à souffrir de la comparaison. Le Jury en a rendu témoignage en décernant une médaille de progrès au Dépôt de la guerre, et une médaille de mérite à la grande carte géologique qui est en voie d'exécution et qui est dressée sur le tracé du $\frac{1}{80,000}$, sous la direction de MM. Élie de Beaumont et de Chancourtois : c'est une œuvre considérable dont les amis de la science appellent de tous leurs vœux le prompt achèvement.

La France aurait pu montrer d'autres travaux de cartographie géologique qui lui font honneur, entre autres le savant ouvrage de M. Delesse sur la lithologie du fond des mers, et ses cartes hydrologiques de la Seine et de Seine-et-Marne ; mais la plupart des auteurs s'étaient abstenus.

Le Dépôt de la guerre, qui, sous une direction intelligente, déploie une louable activité, a eu, disons-nous, une médaille de progrès.

Ses cartes étaient exposées parmi les objets destinés à l'enseignement et rassemblés par le Ministère de l'instruction publique, auquel un diplôme d'honneur a été décerné. Le groupe de l'art militaire ne paraît pas les avoir été chercher au milieu du matériel pédagogique; mais le rapport officiel de l'Autriche sur la cartographie militaire semble avoir voulu réparer cette omission en terminant l'examen des cartes du Dépôt de la guerre par ces mots, auxquels a manqué la sanction préalable du Jury : «Les exposants ont reçu du Jury international la distinction du diplôme d'honneur.»

Le Dépôt a presque terminé la carte au $\frac{1}{80.000}$; la planimétrie est achevée; il ne reste plus qu'une dizaine de feuilles de la région Sud-Est et de la Corse, dont la montagne est entre les mains des graveurs, et ces feuilles auront très-probablement paru dans le courant de l'année 1875 ou 1876. Il exposait, à divers états d'avancement, la feuille d'Albertville, qui, bien qu'un peu chargée de noir, comme toutes nos feuilles alpestres, ne le cédait, pour le fini de l'exécution, à aucune des œuvres les plus délicates de l'étranger. Il exposait aussi la première feuille de la carte d'Algérie, qui, par une heureuse innovation, est exécutée en chromolithographie, avec courbes et en petites feuilles d'impression. C'est dans le même esprit qu'il donnait sur un quart de feuille un spécimen de la carte au $\frac{1}{80.000}$, transformée, à l'aide de plusieurs reports, par la chromolithographie, hachure en bistre et eaux en bleu, avec la lettre en noir ou même substitution de la courbe en bistre à la hachure. Ce procédé donne une clarté parfaite aux parties même les plus accidentées de notre sol, et semble indiquer la voie à suivre, si la France refait jamais à nouveau sa carte d'état-major.

La chromolithographie a encore des adversaires, et il faut avouer que ses produits courants ne sont pas toujours de nature à lever tous les scrupules. Cependant elle a une telle supériorité au point de vue de la clarté générale et de la facilité à faire distinguer du premier coup d'œil les choses naturellement distinctes, qu'on doit l'encourager et s'efforcer de la débarrasser de ses imperfections; la nouvelle carte fédérale de Suisse, les cartes néderlandaises, la nouvelle carte d'Algérie et les essais faits par le Dépôt de la guerre prouvent qu'avec des planches de médiocre dimension le problème est parfaitement soluble.

Le Jury, qui s'intéressait à tout ce qui peut profiter à l'enseignement, a remarqué la carte de France par courbes au $\frac{1}{800.000}$, imprimée en deux couleurs, carte muette, donnant, avec une précision qu'aucune carte murale n'avait atteinte avant elle, les masses du relief de notre territoire, et qu'il serait utile de placer dans nos établissements d'enseignement secondaire.

Il a regretté de ne pas trouver les feuilles de l'état-major tirées par report sur pierre et vendues 1 franc et même 50 centimes aux militaires, qui ont beaucoup contribué à vulgariser l'image de la carte d'état-major, et qui permettent dans les écoles communales l'introduction d'une bonne carte du canton, en même temps qu'elles apprennent aux enfants l'existence d'un document dont ils auront peut-être à faire usage un jour. Il a laissé au Jury de la gravure le soin d'apprécier le procédé George, par lequel se font aujourd'hui, sans martelage et à l'aide seulement de l'échoppe et de la pile, les corrections des cuivres de l'état-major; l'économie du procédé est encore contestée par l'industrie privée, mais le précieux avantage qu'il offre de conserver les cuivres à l'abri de toute déformation ne saurait être mis en discussion.

Le Dépôt de la guerre travaille à l'achèvement de la carte de France à $\frac{1}{320.000}$, qui a été commencée en 1852 : c'est précisément une de ces cartes chorographiques qu'il importe de mettre à la portée des cartographes, afin qu'instruits par de bons modèles, faciles à imiter, ils puissent dessiner des cartes exactes et propager dans l'enseignement la vérité au lieu de l'erreur.

Deux cartes en cours d'exécution pourront contribuer à ce résultat : la carte du dépôt des fortifications et la carte du Ministère de l'instruction publique, entreprises en 1871 et en 1870. La carte du dépôt des fortifications est une carte chorographique, à l'échelle du $\frac{1}{500.000}$, avec courbes et hachures, dressée avec le plus grand soin. Elle donnera la France et les pays limitrophes jusque par-delà le Rhin; une seule feuille, celle de Paris, a été publiée jusqu'ici. La carte du Ministère de l'instruction publique sera principalement une carte d'enseignement, destinée à faciliter l'étude de la géographie physique, historique et économique de la France et des pays voisins. Elle est dressée à l'échelle de $\frac{1}{800.000}$, sur le fond de la carte orobydrographique des Gaules, par les soins d'une Commission présidée par M. Levasseur et composée de délégués des Ministères de la guerre, de la marine, des travaux publics et de l'instruction publique. Elle doit paraître dans le courant de l'année 1875; ni l'une ni l'autre ne se trouvaient par conséquent à Vienne.

D'autres publications qui peuvent être également regardées comme des sources de la science géographique ne s'y trouvaient pas non plus : les cartes de la marine, les instructions nautiques, entre autres celles de M. Bouquet de la Grye, l'atlas météorologique de l'Observatoire de Paris, les publications de la Société géologique, etc.

II

LES ATLAS.

France. — Au temps des Samson, des Delisle, des Jaillot, la France n'avait pour ainsi dire pas de rivaux pour la gravure des cartes d'atlas. Sans remonter aussi haut et sans parler même de l'œuvre des Cassini, qui est de l'ordre topographique, elle n'était certainement pas inférieure aux étrangers, lorsque Brué gravait, avec un soin délicat, son atlas universel; on pouvait s'en convaincre à l'Exposition, en examinant l'œuvre de l'Institut de Weimar, qui avait exposé ses anciennes productions à côté de la dernière édition de ses cartes.

Pourquoi la France s'est-elle laissée distancer depuis cette époque? Pourquoi s'est-elle contentée d'offrir trop souvent à l'enseignement et au public des dessins rapidement esquissés, des montagnes systématiquement inexactes, des œuvres incomplètes ou arriérées? Pour bien faire, ce ne sont pas les graveurs et les dessinateurs qui lui auraient manqué : certains travaux le prouvent, comme les cartes de l'Histoire du Consulat et de l'Empire et l'atlas du Cosmos en 26 cartes, dressé par M. Vuillemin, et que le Jury a remarqué. Sans doute les dessinateurs instruits et les bons graveurs, surtout les graveurs de montagnes, sont trop rares; la France a perdu plusieurs fois de bons ouvriers, et elle n'a pas toujours su les remplacer; l'apprentissage ordinaire est presque toujours insuffisant. Cependant les exigences des auteurs qui font faire des cartes et des consommateurs qui les achètent auraient pu, en France aussi bien que dans d'autres pays, obliger les graveurs à triompher de ces difficultés, si auteurs et consommateurs avaient su être exigeants. Graveurs et dessinateurs auraient absolument besoin d'une certaine instruction théorique qui leur manque presque toujours; il serait nécessaire d'instituer quelques cours du soir, ou une école d'apprentissage pour eux; c'est pourquoi nous applaudissons à la création de la section d'apprentis dessinateurs et graveurs que vient de fonder l'œuvre de Saint-Nicolas, sous la direction de M. Erhard. Ce ne sont peut-être pas non plus les savants ni les éditeurs qui auraient fait défaut; c'est surtout le goût du public. Naguère encore il s'intéressait médiocrement à la géographie; achetant peu et ne voulant pas mettre un prix suffisant à un objet qu'il estimait peu, il décourageait le travail et l'entreprise; la carte invendue vieillissait, et l'auteur était impuissant à suivre les changements qu'amenaient la politique et les découvertes. Le peu de succès qu'a eu l'atlas sphéroïdal de Garnier, qui, après le Brué, est une des œuvres les plus consciencieuses de notre temps, en est un témoignage; il faut espérer que la seconde édition qu'on prépare en ce moment trouvera un public mieux préparé[1].

Il y avait cependant un assez grand nombre de cartes et d'atlas dont plusieurs ont été remarqués à des titres divers : les atlas de Babinet, dressés sur la projection homolographique et publiés par Bourdin; l'atlas universel et classique de Drioux et Leroy, en 76 cartes, publié par Belin: les atlas de Barberet et de Périgot, et les cartes pour servir à l'intelligence de la France, de l'Europe et de la terre (géographie et statistique), par E. Levasseur, publiés chez Delagrave: l'atlas de Cortambert, publié par Hachette; l'atlas de Chevalier, publié par Delalain[2]: les atlas et cartes de Sanis, publiés par Bazin: l'atlas Gosselin-Delamarche, publié par Bertaux; l'atlas de Dufour, édité par Lechevalier, le planisphère de Chatelain et les atlas de Bonnefont, publiés par Lanée; dans un genre plus simple et plus pédagogique, les premières cartes de l'atlas édité par l'Institut des frères; le Globe illustré, par M. E. Cortambert, qui est enrichi de nombreuses et belles gravures; l'atlas élémentaire du même, qui ne contient que les cartes du Globe illustré et qui se recommande par le mérite de la gravure et le bas prix. Le petit atlas de la France (avec les colonies françaises et la terre sainte), par E. Levasseur, qui est tout différent du précédent par le plan et par le dessin, est de la main du même graveur. Parmi ces atlas, il y en a un qu'il ne faut pas omettre, parce qu'il a une valeur toute particulière par l'exactitude des renseignements qu'il renferme : c'est l'atlas départemental de la France dressé par Joanne et édité par la maison Hachette. A Vienne, il y avait surtout un travail qui faisait honneur à notre pays : l'atlas que la maison Hachette a entrepris et qui est exécuté sous la direction de M. Vivien de Saint-Martin. C'est un chef-d'œuvre de l'art cartographique.

Devant la section du Jury chargée d'examiner la géographie, nous avons fait placer la carte de Suisse dressée par M. Desbuissons et gravée par Colin à côté d'une des cartes les plus expressives du meilleur atlas de l'Allemagne, le *Süd-West Deutschland* de Steller; nous avons comparé la région du mont Blanc et des Alpes bernoises, au point de vue non-seulement du fini de la gravure et de l'harmonie des tons, mais de l'exactitude du dessin, et l'avantage est resté à la France. Nous n'avons qu'un regret à exprimer, c'est que ce beau travail, qui avait été commencé bien avant que nos malheurs ne vinssent ranimer chez nous le goût de la géographie, ne soit pas encore livré au public.

[1] Un petit atlas sphéroïdal réduit du grand atlas de Garnier a été publié en 1874, avec des notes rédigées par M. R. Cortambert.

[2] Les atlas de Dussieux, édités par Lecoffre, ne figuraient pas à l'Exposition.

Depuis nos désastres, d'autres se sont mis à l'œuvre[1], et, si le public seconde les géographes, je ne vois pas de raison pour que la France ne remonte pas à cet égard au niveau des nations les plus avancées. Elle doit particulièrement s'appliquer à corriger un défaut qui gâtait la plupart de ses publications classiques, la représentation inexacte des montagnes, que ses cartographes avaient pris l'habitude de figurer par de simples hachures entre les bassins, sans même prendre la peine de mesurer l'intensité de ces hachures à l'altitude de la ceinture.

Belgique, Pays-Bas, Italie, Russie, Suède, Angleterre. — En attendant, c'est chez l'étranger qu'il faut encore aller chercher les meilleurs atlas. Je ne parle ni de la Belgique, où les atlas très-répandus de la maison Callewaert rappellent ceux de la France, sans les égaler; ni de l'Italie, qui exposait les atlas de Bergamo et de Civelli et le travail intéressant de Vallardi, mais qui a encore plus à faire que nous; ni des Pays-Bas, dont les atlas composés par Brugsma et par Rijkens n'étaient pas sans mérite; ni de la Russie, qui exposait l'atlas politique et statistique de Glykow; ni de la Suède, qui donne à ses écoles des atlas à très-bas prix, exécutés dans un bon esprit, bien que d'une gravure un peu grossière, et qui se faisait remarquer surtout par l'atlas historique du professeur Wiberg et du lieutenant Mentzer, et par les autres travaux de ce dernier. L'Angleterre n'avait envoyé que les cartes de Bartholomew d'Édimbourg et le *School physical Atlas* de Keith Johnston; elle aurait pu fournir une exposition beaucoup plus complète; M. Keith Johnston lui-même aurait pu produire son *Royal Atlas,* qui est d'une rare délicatesse d'exécution et qui, malgré les critiques que l'on peut parfois lui faire au point de vue scientifique, est assurément une des œuvres importantes de la cartographie moderne. Elle aurait pu exposer aussi l'atlas de Hughes, le rival du Keith Johnston; les répertoires alphabétiques qui accompagnent ces atlas en rendent l'usage commode.

États-Unis. — Les États-Unis ont plusieurs grands atlas, entre autres celui de Colton et celui de Johnson; ce sont des ouvrages plus complets qu'élégants; le coloris est lourd. Il y a plus de mérite de gravure dans l'atlas de Pennsylvanie par Welling et Gray que dans les atlas classiques. Parmi ces derniers il faut citer ceux de Guyot, de Warren, de Mitchell, de Steinwehr et de Cornell, qui ont été récompensés. Ces atlas forment autant

[1] Ont paru, entre autres atlas, l'Atlas universel de Brué, revu par E. Levasseur, en 67 cartes, publié par Delagrave; la Première année de Géographie, par Foncin, publiée par Arm. Colin et Cie.

de séries divisées en trois ou quatre volumes, école primaire, école de grammaire, haute école, géographie physique, et se composent de cartes intercalées dans un texte illustré; c'est à la fois le livre et l'atlas. Ils dérivent tous du type créé par M. Arnold Guyot. Ce savant, dont le dernier *Atlas physical Geography* rappelle dignement le premier ouvrage, la Terre et l'Homme, a senti que la géographie avait besoin d'être comprise plus encore qu'apprise; il s'est appliqué à donner l'intelligence des grandes lois de la nature à ses élèves, et à inspirer par là le sentiment de l'harmonie qui préside à l'arrangement du monde; rendant l'enseignement élevé et intéressant par des vues générales, en même temps que simple et accessible à des enfants, il est devenu le créateur d'une méthode féconde.

Autriche. — L'Autriche pourrait occuper un rang plus élevé dans la branch de la cartographie qui nous occupe. Elle présentait comme sa principale œuvre en ce genre un travail bien connu, quoique encore inachevée: l'atlas dressé par Scheda et Steinhauser, et édité par Artaria, de Vienne. Cet atlas a les mêmes qualités de précision scientifique que celui de l'Institut géographique militaire; il en a aussi le défaut : le soin excessif des détails du relief et l'absence de gradation suffisante dans les tons en rendent quelquefois la lecture difficile. Les atlas qu'édite le *Schulbücherverlag* du Ministère de l'instruction publique, avec la carte de la province où est l'école, le petit atlas de Steinhauser à 60 kreutzer, sont répandus dans les écoles et s'y trouvent communément entre les mains des élèves, avec les atlas venus d'Allemagne. Il faut citer encore le grand atlas de Kosenn, édité par Kölzel, et l'atlas de Vogel, édité par Fuchs.

Allemagne. — C'est l'Allemagne qui occupe incontestablement aujourd'hui le premier rang pour le matériel de l'enseignement géographique. Atlas, cartes murales, globes, elle fabrique tout; elle a des savants distingués qui s'adonnent exclusivement à la cartographie; elle a de grands établissements qui en font leur principale et même leur unique occupation, et qui réunissent dans une commune entente la variété des talents si divers et si nombreux qui sont nécessaires pour conduire à bonne fin une œuvre de ce genre, depuis l'érudit jusqu'au coloriste. Elle connaît sa supériorité et elle en est fière. Dans le bâtiment consacré à l'instruction, elle avait répandu ses cartes un peu partout, et elle avait donné en plus toute la partie centrale, la place d'honneur, à la géographie, dont les cartes et les globes montaient en pyramide triomphale jusqu'à la charpente du toit. L'atlas d'Issleib et Riebzchel, de Gera, en 24 cartes, avec une édition française en 28 cartes, est remarquable par le bon marché. Le petit atlas de Lange en 20 feuilles, édité par Brockhaus, de Leipsig, et qui est très-répandu, se recommande par la même qualité; son atlas de la Saxe, du prix de 3 thalers, est très-bien conçu; son atlas général en 30 feuilles, exécuté en chromolithographie, est estimable, bien qu'il n'atteigne pas à la finesse de la gravure sur acier. Plus importants encore sont les atlas de l'Institut géographique de Weimar, œuvre qui date aujourd'hui de plus d'un demi-siècle, à laquelle ont travaillé Weiland et Kiepert, et qu'ont continuée les frères Gräf; les cartes du grand atlas sont à une échelle qui permet d'y introduire les détails d'une carte chorographique. Le Jury lui a voté une médaille de progrès, ainsi qu'à Reimer, de Berlin, éditeur des cartes de M. Kiepert. M. Kiepert est un des géographes les plus savants et les plus connus; ses cartes anciennes et modernes sont le fruit d'études très-consciencieuses, et elles sont d'un effet général très-satisfaisant, bien que la hachure de son grand atlas soit quelquefois empâtée. Il a un petit atlas d'école (*Kleiner Schul Atlas*), en 22 cartes, qui ne le cède pas à celui de Lange par la modicité du prix (10 silbergross) et qui lui est supérieur par l'exécution. On peut citer aussi parmi les ouvrages classiques l'atlas historique de Voigt et l'atlas d'Adami.

La maison Justus Perthes, de Gotha, exposait ses nombreuses productions : l'atlas des missions de Grundemann, les atlas historiques de Spruner revus par Menke, les atlas classiques, orographiques et hydrographiques de Sydow, le planisphère et l'atlas physique de Berghaus, l'atlas classique et le grand atlas de Stieler en 90 feuilles, dont la réédition se poursuit en ce moment. Cet atlas est incontestablement, de tous ceux qui ont été publiés jusqu'à ce jour, le plus savant, le mieux gravé, le meilleur en un mot; toutes les feuilles n'ont pas la même valeur, et les éditeurs laissent encore se glisser quelques cartes vieillies dans les nouvelles livraisons; mais des cartes telles que l'Espagne de Vogel, les États-Unis et l'Europe orientale de Petermann, constituent, aussi bien que la publication des Mittheilungen de Petermann, l'Annuaire géographique de Behm, l'Almanach de Gotha, l'Alpenlander de Mayr, revu par Berghaus, l'Australie de Petermann, des services rendus à la science tout entière. Ces cartes, qui étaient presque toutes exposées, les unes achevées et telles que nous les connaissons, les autres, à divers degrés d'avancement, sont gravées sur métal, imprimées quelquefois en plusieurs couleurs, le plus souvent en noir, et ont le triple mérite d'être tenues plus au courant que la plupart des atlas, d'être très-bien exécutées et d'être vendues à un prix modéré. Voulez-vous savoir le grand secret de la réunion de ces mérites qui souvent s'excluent les uns les autres? M. Justus Perthes vend beaucoup et renouvelle fréquemment ses éditions : c'est à plus de 8,000 exemplaires qu'il tire en ce moment ses livraisons. Lorsque les éditeurs français auront en perspective un marché aussi étendu, ils regarderont les frais si considérables de la bonne confection et de la correction des cartes comme une question secondaire.

Le groupe XXVI, qui réservait aux États et aux grandes communautés enseignantes ses diplômes d'honneur, a fait une exception en faveur de la maison de Gotha, et, la considérant en quelque sorte comme un établissement d'utilité internationale, elle lui a décerné un diplôme d'honneur. Par un singulier oubli, ce diplôme ne figurait pas dans la première liste officielle publiée par la Commission autrichienne; et le plus important établissement cartographique du monde se trouve ainsi n'être pas même nommé pour une mention honorable.

La plupart des atlas allemands ont plusieurs éditions : l'atlas complet, dit *Hand Atlas,* et une série plus ou moins nombreuse de petits atlas, *Schul Atlas,* exécutés par la réduction et la simplification du travail principal : c'est ainsi qu'il y a un grand et deux petits Kiepert, un grand et un petit Stieler, un petit Berghaus, un petit Sydow, etc.

Nous avons encore d'autres œuvres du même genre à signaler en Allemagne : l'atlas physique statistique de la Saxe par Rommel, en 17 feuilles, l'atlas historique des pays saxons par Tuthschmann, en 22 cartes.

Suisse. — La Suisse peut figurer sans désavantage à côté de l'Allemagne; non qu'elle répande, comme celle-ci, ses cartes dans le monde entier, mais, stimulée par l'exemple et le voisinage, elle fait bien ce qu'elle fait. Nous avons remarqué l'atlas industriel de Wartmann, politique, historique, géologique, industriel, etc., de la Suisse, dressé par Gerster et Weber, conformément à une méthode que nous croyons très-convenable à un bon enseignement, et deux productions que le Jury a récompensées : la carte muette de Suisse par Leuzinger, qui est d'une parfaite exécution, et l'atlas classique de Wettstein, en 12 feuilles, qui est adopté dans plusieurs cantons et qui se recommande autant par sa bonne exécution que par son bon marché.

III

LES CARTES MURALES.

Suisse. — La Suisse ne réussit pas moins bien dans les cartes murales; elle possède d'ailleurs dans sa carte d'état-major un modèle qui rend à ses artistes le travail facile. La carte murale de Suisse par Keller a de solides mérites; mais la seconde édition qui était exposée est trop compliquée, et par suite un peu confuse; en croyant améliorer les détails, l'auteur a peut-être nui à l'impression de l'ensemble. J'aime beaucoup mieux la carte murale de Ziegler au $\frac{1}{250.000}$; cette dernière est un travail achevé, bien étudié, d'une expression à la fois juste et saisissante.

La cartographie suisse sort peu de son territoire. Hormis la mappemonde de Keller et la carte de Palestine du colonel de Mandrot, qui est savamment et habilement faite, mais un peu compliquée pour un enseignement primaire, elle ne présente guère que des cartes de la Suisse ou des cartes cantonales. Ces dernières, que les écoles ont la sagesse d'employer beaucoup plus que nous ne faisons des cartes départementales, étaient nombreuses, les unes d'une hachure beaucoup trop fine, comme celles d'Argovie et de Fribourg, d'autres d'un dessin plus large, comme celle du canton de Zurich par Ziegler.

France. — La cartographie murale est un art particulier que nous avons trop longtemps négligé en France, pensant qu'il suffisait, pour enseigner à des enfants, de donner un tracé approximatif des côtes et des cours d'eau avec une arête de hachures marquant la limite des grands bassins. La carte de France, dressée par M. Cortambert et éditée par M. Andriveau-Goujon, faisait seule exception à Vienne parmi les produits français : c'est pourquoi le Jury lui a voté un diplôme de mérite. Depuis nos désastres, que le public a attribués, bien au delà de la mesure du vrai, à notre ignorance en géographie, auteurs et éditeurs ont uni leurs efforts pour combler cette lacune, et je ne doute pas que la France, dans quelques années, ne puisse soutenir à cet égard la comparaison avec les pays les plus avancés.

Peu de mois après la fermeture de l'Exposition de Vienne, paraissait la carte murale de France, à l'échelle de $\frac{1}{1.000.000}$, avec teintes hypsométriques et hachures, dressée par E. Levasseur, avec le concours de Hansen, et éditée par Delagrave. Depuis ce temps, ont paru également la carte murale de France, dressée par Gautier, sous la direction de Meissas et Michelot; la carte murale d'Erhard, qui est peinte sur le fond de la carte orohydrographique des Gaules et qui est une œuvre très-remarquable de chromolithographie; la carte hypsométrique de France, en couleurs variées et nettement tranchées, du frère Alexis Gochet; la carte murale de l'Europe, par M. Naud-Évrard; la carte murale de l'Europe physique, politique et économique, par M. E. Levasseur.

Si la méthode d'enseignement géographique qui consiste à prendre comme point de départ la commune et le département est bonne, il importe d'avoir dans les écoles de bonnes cartes murales de la commune, du canton, du département. Les cartes communales ne peuvent être, sauf de rares exceptions, que manuscrites, parce qu'on ne saurait entreprendre une gravure pour tirer quatre ou cinq exemplaires: mais on a pu en établir pour le territoire de quelques cantons, et plusieurs départements surtout en possèdent. M. Levasseur a dressé ou fait dresser sous sa direction, et M. Delagrave a publié dans ce but, des cartes murales de département, dessinées d'après la carte d'état-major, et une vingtaine de départements se trouvent munis de cet utile auxiliaire de l'enseignement.

Allemagne. — Le pays le plus avancé sur ce point est toujours l'Allemagne. Elle étalait une variété plus grande encore de cartes murales que d'atlas : les cartes de l'Institut de Weimar, Grèce et Italie anciennes, empire Romain par Kiepert, qui sont d'une exécution magistrale; planisphère, Europe, Thuringe de Gräf, qui offrent moins de netteté; Palestine de Hergt, qui serait très-bonne si elle était plus lisible; la carte de Saxe, commencée par Delitsch pour le Ministère de l'instruction publique; les cartes de Weychardt éditées par Winkelmann, qui pèchent par défaut de clarté; la carte de l'Allemagne du Sud, par Carl Arendts, qui est claire; les cartes d'Ohmann, claires aussi, mais sur lesquelles, contrairement à la tendance allemande, le relief du sol est trop faiblement indiqué.

Quatre cartographes ou établissements cartographiques se faisaient particulièrement remarquer. Kiepert, dans les travaux qu'édite aujourd'hui Reimer, de Berlin, planisphère, Europe, Afrique, Asie hypsométriques, etc., comme dans ceux qu'il faisait auparavant pour l'Institut de Weimar, apporte toujours les mêmes qualités de savant. Raaz, dont les cartes sont publiées par Kellner, de Weimar, s'attache surtout à rendre les mouvements du terrain très-apparents, et il procède en construisant un relief qu'il photographie; l'impression est en effet saisissante, mais on conçoit que le modèle soit très-imparfait. Möhl soigne beaucoup plus le détail, en traitant la montagne en bistre, au crayon, avec de fortes ombres, visant à l'effet : il y atteint; mais son sol est trop uniformément tourmenté, et les contrées paraissent beaucoup plus accidentées qu'elles ne le sont en réalité. Justus Perthes nous a semblé avoir encore conservé là le premier rang. Plusieurs auteurs travaillent pour sa maison. Dans sa riche collection, nous avons surtout remarqué, à côté des cartes du colonel Sydow, qui sont bien connues et qui sont les plus répandues en Allemagne et dans les pays voisins, et de celle de l'Europe centrale de Petermann, qui n'est guère moins connue, des œuvres nouvelles, par exemple, le *Deutsches Reich* de Wagner, dont la lettre, faite petite à dessein, s'efface à distance pour laisser la place à la géographie physique et ne plus laisser en vue que des cours d'eau très-nettement accusés et une montagne très-vigoureuse; la carte murale de l'empire Austro-Hongrois, par Dolezal-Berghaus, qui, avec sa plaine teintée en vert, avec sa hachure nettement détachée en noir et relevée par des tons de bistre d'autant plus foncés que l'altitude est plus grande, et avec ses plus hautes arêtes en blanc, est d'un effet juste et très-remarquable.

Hongrie. — M. Paul Gönsky, conseiller de section au Ministère de l'instruction publique en Hongrie, a eu la bonne idée de se servir du fond des cartes de Dolezal, et a créé, en langue magyare, trois excellentes cartes de l'Europe, de la monarchie austro-hongroise, et des pays de la couronne hongroise. Il a également traduit le petit Stieler et le globe de Schotte, fait dresser chez Justus Perthes une petite carte de la Hongrie que le Ministère a répandue à 15,000 exemplaires, et il a ainsi doté du premier coup les écoles d'un matériel perfectionné.

Autriche. — L'Autriche prend un grand nombre de cartes murales à l'Allemagne, surtout à la maison Justus Perthes. Elle a aussi des œuvres qui lui sont propres et qui peuvent rivaliser avec les meilleurs types. Je citerai, entre autres, les cartes murales, Europe, Europe centrale et Mappemonde, dressées par le colonel Scheda pour le Ministère de l'instruction publique, et qui, à la précision scientifique de toutes les œuvres de cet officier, unissent le mérite d'une grande clarté; la carte hypsométrique de l'Autriche, éditée par le *Schulbücherverlag*, et beaucoup de cartes provinciales; la basse Autriche de Steinhauser, éditée par Artaria; la Bohême, la Styrie de Kosenn, éditées par Hœlzel, et qui, traitées au crayon dans un style à effet, sont, malgré certaines exagérations du relief, parfaitement appropriées à leur but.

Belgique. — La Belgique exposait deux cartes murales dignes d'attention à plusieurs égards : la carte de Belgique et la carte d'Europe dressées par le frère Alexis Gochet. La carte d'Europe avait déjà figuré au congrès géographique d'Anvers, où nous l'avions remarquée comme étant la première carte murale destinée à faire pénétrer dans l'enseignement des notions précises et scientifiques. Elle est faite principalement au point de vue physique, et donne les traits principaux du climat, des cultures et de l'hypsométrie. Les détails, et particulièrement les courbes de niveau, sont traités d'une manière trop sommaire; mais l'ensemble a une véritable originalité, et constituait, pour les pays de langue française, un très-sensible progrès dans la manière d'enseigner la géographie. Aux couleurs diverses et heurtées qui figurent les différents plans d'altitude, nous préférons une même couleur dégradée; l'auteur, qui a l'habitude du maniement des enfants, prétend que cette diversité, plus frappante, est plus intelligible pour l'enseignement primaire. L'expérience doit décider en pareille matière. Le Jury a décerné une médaille de progrès au frère Alexis, et l'emploi que fait de ce système depuis un an l'Institut des frères en France a été un des motifs de la médaille que lui a également votée le Jury.

Russie, Suède. — La Russie commence à faire ses cartes murales elle-même, en imitant celle de Sydow; le Jury a recompensé à ce titre le colonel Iljin. Il a récompensé aussi en Suède M. Mentzer, qui a beaucoup fait pour l'amélioration de la cartographie classique dans son pays, et qui exposait, entre autres travaux, une excellente carte murale muette de la presqu'île scandinave, à l'échelle du $\frac{1}{1.250.000}$, lithographiée par Schlachter et Seedorff. M. Mentzer n'est pas seul dans la bonne voie en Suède; plusieurs autres cartes, en particulier une carte manuscrite de Scandinavie et Finlande au $\frac{1}{1.300.000}$ par M. Backhoff, témoignaient d'une grande intelligence des travaux géographiques.

Portugal. — Je ne signale que pour mémoire le Portugal, qui exposait deux cartes murales du Portugal par M. de Bettencourt, d'une exécution simple et claire.

États-Unis. — Je termine cette revue par les États-Unis. Nous y retrouvons M. Guyot, qui accomplit dans la cartographie murale la même révolution que dans le reste de l'enseignement géographique. Il s'applique surtout à mettre en lumière les grands traits de la géographie physique, cours d'eau, plaines, versants, plateaux, hautes chaînes; il emploie surtout le vert et le bistre, en réservant des blancs sur les plus hautes crêtes; son planisphère, son Amérique du Nord, et surtout ses États-Unis, qui ont les mérites de ses atlas transformés dans le style mural, sont exécutés avec une grande habileté. Les autres cartes murales que présentaient les États-Unis étaient bien inférieures; les cartes particulières d'États n'avaient aucune des qualités propres aux cartes murales.

IV.

LES RELIEFS.

Les cartes en relief sont d'un puissant secours pour l'enseignement géographique. Rendant sensibles à la vue les mouvements du terrain que les cartes planes ne représentent que par des signes conventionnels plus ou moins faciles à comprendre, elles sont aussi intelligibles pour l'ignorant que pour le savant. Jamais un élève qui n'a pas une longue pratique de la lecture des cartes topographiques ne se rendra compte sur une carte de la profondeur des vallées, du modelé des versants, de la hauteur relative des sommets, avec autant de promptitude et de sûreté que sur un relief. S'il s'agit d'une région assez étendue pour que l'œil ne puisse l'embrasser que sur une carte chorographique, le savant même, en y regardant de près, ne sera pas toujours en état de bien saisir la déclivité des plans, de discerner les plateaux, les plaines hautes et les plaines basses. C'est dire que les reliefs sont utiles à tous les degrés de l'enseignement.

Mais ils n'ont d'utilité qu'autant qu'ils font voir les véritables mouvements du terrain. Prendre du plâtre et de l'argile, le plaquer sur une surface plane pour faire autant de petits cônes ou de murailles qu'il y a de montagnes et de chaînes importantes, sans même mesurer les hauteurs, ou sans tenir compte des plateaux qui supportent les montagnes, des ravinements du sol, de la différence des versants, ce n'est pas construire le relief d'une contrée, c'est mettre en relief sa propre ignorance et nuire à l'enseignement en trompant la confiance naïve des élèves et même souvent des maîtres. Un relief doit être construit sur des éléments d'une précision mathématique, et, sauf quelques rares exceptions, pour les seules contrées dont on possède des levés topographiques. A petite échelle, il doit exprimer tous les grands mouvements, avec leur caractère propre et leur altitude proportionnelle; à grande échelle, il doit serrer de très-près la réalité dans les moindres replis du sol, et donner les hauteurs à la même échelle que les longueurs : c'est le seul moyen de rendre ce que j'appellerai la vérité vraie, de ne pas fausser les angles de pente et de donner satisfaction à la fois au géographe, à l'ingénieur et au géologue. Cette uniformité d'échelle devient impraticable au $\frac{1}{1.000.000}$, et même déjà le plus souvent au $\frac{1}{500.000}$. Comment, par exemple, figurer les ondulations du sol français, si l'on donne à la côte d'Or moins d'un demi-millimètre (au $\frac{1}{1.000.000}$) de saillie au-dessus de la plaine de la Saône ? Il faut donc exagérer les hauteurs; mais, comme toute exagération déforme, il convient de ne pas dépasser la limite du nécessaire.

Autriche-Hongrie. — L'Autriche-Hongrie, la France et la Suisse exposaient seules des reliefs faits en vue d'un haut enseignement topographique. L'Institut géographique militaire avait, dans son exposition, un assez grand nombre de reliefs démonstratifs, reproduisant les formes classiques du terrain, reliefs en blanc ou reliefs avec courbes et teintes hypsométriques, reliefs en fonte portant les courbes et placés sur une carte reproduisant exactement les mêmes courbes à la même échelle; il avait aussi une carte d'Europe au $\frac{1}{4.000.000}$, avec les hauteurs au $\frac{1}{200.000}$ (par Mensinger), dressée probablement à l'usage des écoles militaires, très-bonne pour la partie centrale, plus contestable pour les péninsules ibérique et hellénique, où l'hypothèse joue nécessairement un grand rôle.

Dans l'exposition additionnelle, les reliefs étaient en grand nombre. Nous avons surtout remarqué les plâtres de Streffleur, avec teintes hypsométriques, destinés à l'enseignement topographique; les passes des Alpes, la Bohême, la Moravie, les fonds de la Manche, les environs de Lyon, du même; les modèles de terrain, très-intelligemment disposés, du major Cybulz, accompagnés de l'échelle des tons qui expriment les pentes; un relief du petit Priel, montagne de Styrie, dressé avec un soin scrupuleux par le lieutenant Wanka, sous les ordres du feld-maréchald baron Nuppenau, et accompagné de la carte à la même échelle; le relief du Schneeberg et du Semmering, au $\frac{1}{43.000}$, et la grande carte en relief, au $\frac{1}{48.000}$, des Alpes de Salzbourg, par Franz Keil; le relief de la vallée de l'Eisach à Klausen, par M. Guido Kutschereuter, professeur à l'Académie militaire, relief teinté des couleurs géologiques et accompagné d'un contre-relief de pièces mobiles, servant à combler exactement les dépressions et à former une série de plans à plusieurs équidistances. Un des reliefs les plus curieux exposés dans le groupe de l'agriculture était le Riesenbirge, exécuté en bois par Niederhofer.

Nous ne devons omettre dans cette énumération ni le petit volcan en soufre et en diverses autres matières que M. Hochstetter fait brûler devant les élèves de l'École polytechnique, et qui crée sous leurs yeux des cratères et des coulées de lave; ni les cartes à gradins du colonel hongrois Toth, si remarquablement exécutées, le champ de bataille de Granson, la campagne de Rome, la région du bas Danube, la Hongrie et les Carpathes; ni la grande carte des fonds de l'Adriatique, près de Fiume, ni les cartes des profondeurs de plusieurs portions de la Méditerranée, ni le relief du Tatra, par Péchy.

L'Autriche avait aussi des cartes en relief destinées aux écoles primaires et aux gymnases beaucoup plus qu'à l'enseignement topographique proprement dit. La plus curieuse était celle de l'Austro-Hongrie, dressée au $\frac{1}{1.500.000}$ par le lieutenant Köchert, avec de larges gradins diversement coloriés et donnant une image très-saisissante de l'élévation successive des plans.

La Hongrie déploie une égale activité à perfectionner toutes les parties de son enseignement. Elle avait aussi plusieurs cartes d'ensemble : deux reliefs de Transylvanie modelés à un pouce pour mille, l'une par Reimer, l'autre par Kammer, sans gradins, mais avec des couleurs différentes suivant l'altitude des plans.

France. — La France exposait quelques-uns des reliefs de Bardin, entre autres le mont Blanc par gradins, à l'échelle du $\frac{1}{40.000}$. Bardin, enlevé trop tôt à la science, a laissé une œuvre qui est justement appréciée par les topographes, mais qui est trop peu employée dans l'enseignement, parce que ses plâtres sont d'une grandeur embarrassante et d'un prix trop élevé; le capitaine Peigné, professeur à l'école de Saint-Cyr, qui a entrepris, à l'aide de l'éditeur Delagrave, de les réduire au $\frac{1}{80.000}$, et de compléter dans le même système tout un matériel d'enseignement, rendra par là un service à la topographie. Le relief topographique, dressé par Muret sous la direction de E. Levasseur et publié par Delagrave, n'a pas de visées aussi hautes; il est surtout destiné à faire comprendre à des enfants d'école primaire et à des élèves de lycée les différentes manières d'être du terrain, ainsi que les courbes et les gradins, et d'habituer à la lecture des cartes topographiques à l'aide d'une carte reproduisant le relief à la même échelle : c'est une première initiation à la géographie, qui peut être d'un usage fructueux dans les petites écoles. Les deux reliefs ingénieux du frère Alexis Gochet, exposés par l'Institut des Frères de la doctrine chrétienne, tendent précisément au même but.

La France avait des cartes en relief obtenues par le procédé du repoussé; ce procédé a l'avantage de l'économie, mais il a l'inconvénient de rendre les arêtes uniformément molles, et de jeter souvent les cours d'eau hors de leur thalweg, sur le flanc des montagnes, parce que la carte doit être imprimée sur une feuille plane, avant d'être pressée dans la matrice. Telle était la petite carte en relief de France, éditée par Belin et dressée par Pigeonneau et Drivet, et les cartes, déjà connues depuis longtemps, de Bauerkeller. Bauerkeller exposait, en outre, deux grands plans, à une échelle topographique : le plan des environs de Bade et le plan de Paris et de ses environs au $\frac{1}{5.000}$, exécuté avec un tel soin de détails, que chaque Parisien aurait pu sans peine y reconnaître sa maison; le Jury a récompensé cette œuvre d'une merveilleuse patience. Le relief des environs de Paris au $\frac{1}{40.000}$, avec les hauteurs doublées, par M. Drivet, plus utile à l'enseignement parce qu'il peut être placé dans les écoles, a été un des motifs de la médaille décernée à Belin, qui l'exposait à titre d'éditeur. Delagrave exposait les cartes en relief de Mlle Kleinhans : à côté de la carte de la France, en grand et en petit format, que Mlle Kleinhans a exécutée seule, étaient des cartes départementales au $\frac{1}{500.000}$ et au $\frac{1}{100.000}$, la carte des Alpes de Savoie et du Dauphiné, la carte de la frontière de l'est au $\frac{1}{500.000}$, que Mlle Kleinhans a exécutées sous la direction de M. E. Levasseur, et qui ont été remarquées du Jury à cause de l'exactitude avec laquelle elles sont dressées; elles permettent, par leur bon marché, de faire pénétrer jusque dans l'enseignement primaire la forme d'un terrain, et par suite l'intelligence générale de la géographie. Mlle Kleinhans a déjà doté ainsi de leur carte en relief une quinzaine de départements situés dans les plaines du Nord, sur les côtes de l'Océan et de la Méditerranée, sur les plateaux et les montagnes de l'Est, dans les Alpes, les Cévennes et les Pyrénées. La collection constitue, pour ainsi dire, un spécimen des divers terrains de la France. Depuis l'Exposition, M. Malègue a terminé la carte en relief du département de la Haute-Loire, M. Leclerc celle des Ardennes et M. Viollet-le-Duc son beau relief du mont Blanc. Deux grandes cartes en relief de France sont en ce moment ou achevées ou près de l'être : l'une au $\frac{1}{800.000}$, dressée par Pigeonneau et Drivet, et éditée par Belin; l'autre au $\frac{1}{100.000}$, exécutée par E. Levasseur et Caroline Kleinhans, et éditée par Delagrave.

Il faut encourager les instituteurs à se servir de pareils instruments de démonstration, et au besoin à les créer eux-mêmes, dussent-ils être quelque peu imparfaits. C'est pourquoi le Jury a voté une mention honorable à l'École normale d'Angers, qui a exécuté la carte en relief de son département, à Molinier-Violle, instituteur à Alger, qui exposait une carte en relief de l'Algérie, et à M. Barbier, instituteur à Paris, qui a couvert les murs de son école de cartes, exécutées avec beaucoup de soin par lui-même et par ses élèves.

Suisse. — La Suisse présentait un très-bon travail de l'ingénieur Huni : trois reliefs des environs de Zurich, le premier peint et reproduisant en quelque sorte la nature, le second en plâtre blanc, figurant le sol dépouillé de ses maisons et de ses cultures, le troisième à gradins; puis deux cartes, l'une à courbes, donnant en quelque sorte la projection du dernier relief, l'autre à hachures entre les courbes, conduisant ainsi par degrés jusqu'à la carte topographique. Quelques-unes des cartes de Beck, telles que le Saint-Gothard, le glacier d'Aletsch au $\frac{1}{50.000}$, peuvent être rangées parmi les études de topographie, ainsi que la représentation des couches intérieures du sol sur une série de lames de verre, fixées debout à distance égale les unes des autres, et peintes des couleurs géologiques; deux Suisses, Muhlberg, pour le tunnel du Jura bâlois, et Heim, pour les Alpes de Glarus, avaient fait un ingénieux usage de ce mode de représentation.

Les cartes en relief proprement dites étaient d'ailleurs presque aussi nombreuses dans le Palais de l'Exposition que les cartes murales. La Suisse avait la carte, depuis longtemps connue, de Beck, laquelle n'est assurément pas sans mérite, mais qui a l'inconvénient des reliefs en carton repoussé; et une carte bien exécutée de la Suisse au $\frac{1}{250.000}$, sans exagération de hauteurs, dressée par un instituteur, Burgi.

Allemagne. — L'Allemagne était moins riche en reliefs qu'en cartes. Cependant on remarquait un bon relief de la Saxe royale par Vogel et Thieme, qui est très-usité dans les écoles du pays, et un relief plastique d'une partie de la haute Bavière par Winckler. Mais les cartes en relief de Schotte, l'Europe surtout, sont grossièrement traitées, et Alder, de Hambourg, à côté d'une Suisse bien faite, quoique de teinte uniformément sombre, exposait un gigantesque planisphère en relief, indigne de figurer dans l'exposition d'un peuple qui se pique de savoir la géographie.

Autres pays. — La Suède avait une bonne carte en relief des pays scandinaves, par Mineur, de Stockholm. Les autres pays n'exposaient de reliefs que pour illustrer leurs exploitations agricoles ou minières. Il y avait cependant, outre le plan du Bosphore dont nous avons parlé plus haut, quelques exceptions que le Jury a distinguées et récompensées, bien que les auteurs n'eussent pas eu l'enseignement pour but : le relief de l'Inde Britannique, construit par Griggs, sous la direction de Watson, et d'après le modèle original de Montgomery Martin; le relief de l'Égypte et de la Nubie inférieure, dressé au $\frac{1}{200.000}$, avec hauteurs décuplées, par Streit et Walger, sous la direction de Brugsch, et le plan de Jérusalem et de ses environs, par Illès.

V

LES GLOBES.

Les globes sont plus coûteux que les cartes et n'ont pas le caractère particulier des cartes d'État dont chaque pays doit songer à se pourvoir par lui-même; aussi la fabrication en est-elle plus concentrée. Quatre États seulement en exposaient.

Allemagne. — L'Allemagne tient encore en ce genre le premier rang, pour l'abondance de sa production. L'Institut de Weimar a les siens, globes physiques, globes politiques, globes célestes, auxquels ont travaillé Kiepert, Gräf et d'autres. Reimer, de Berlin, a les globes de Kiepert, très-bien faits et édités en plusieurs langues, et les globes en relief d'Adami. Schotte a des globes, les uns en relief, les autres sans relief, qui ont la réputation d'être, par la manière dont le carton est pressé dans le moule, d'une grande solidité. Ces globes ont, en général, des couleurs vives qui permettent de distinguer nettement de loin les contours : c'est le principal. Le professeur, quand il parle des continents, des océans, des lois générales de la physique terrestre, doit toujours enseigner avec le globe sous les yeux ; mais ce ne sont pas les détails qu'il y regarde et qu'il veut y faire voir, ce sont les grandes lignes et les grandes masses.

Je ne comprends pas que des géographes savants fassent des globes en reliefs : ce sont des caricatures grossières qui ne peuvent donner que des idées fausses. La seule impression juste qu'on doive leur donner à cet égard avec le globe, c'est que, vue de l'espace, la terre, malgré ses montagnes, présente une surface aussi unie qu'une coquille d'œuf.

France. — En France, plusieurs éditeurs exposaient des globes : Bertaux, qui s'applique à retoucher et à améliorer ses cartes à chaque édition ; Naud-Evrard, qui éditait les globes de Larochette et Bonnefont, et dont le Jury a récompensé la nouvelle édition écrite dans un style mural ; Delagrave, qui exposait les globes de Perigot et le globe dressé par E. Levasseur, dans un style semi-mural, en vue de l'enseignement raisonné de la géographie et de la cosmographie élémentaire. Ce dernier globe, qui indique l'hypsométrie, est disposé de manière à donner une idée juste du relief des montagnes et à faire comprendre quelques-unes des relations de la terre avec le soleil et des grandes lois de la physique terrestre.

Autriche. — L'Autriche a aussi plusieurs fabricants. Les globes qu'édite Felkl et que dresse Delitsch s'inspirent de l'Allemagne et paraissent être d'un prix plus élevé que les globes français. L'Autriche copie aussi l'Allemagne dans ses *tellurium* et ses *lunarium* : instruments excellents pour faire comprendre expérimentalement les révolutions de la terre et de la lune, mais qui ont l'inconvénient d'être très-coûteux, et par conséquent très-peu répandus dans les écoles. Cependant l'Institut de Weimar et Schotte en Allemagne, Felkel en Autriche, en fabriquent et en vendent.

États-Unis. — Les États-Unis exposaient beaucoup de globes, parce que, dans un pays où l'on comprend toute l'importance de l'enseignement par l'aspect, et où l'on ne ménage pas l'argent aux écoles, les globes sont très-répandus. Ceux qui étaient exposés ne se distinguaient pas par des qualités originales. Nous avons cherché en vain les globes à carcasse de fer qui sont très-coûteux, mais à l'aide desquels on fait comprendre à une classe d'enfants, en y plaçant des bonshommes aimantés, comment les hommes tiennent sur la terre, aussi bien dans l'hémisphère austral que dans l'hémisphère boréal. Les globes de plusieurs dimensions, dressés par Schelder, du New-Jersey, qui ont été récompensés, nous ont paru avoir, à un plus haut degré que les autres, le mérite de la clarté et d'une monture commode.

VI

LES LIVRES ET LES MÉTHODES.

Les cartes écrites, les cartes en relief, les globes sont la partie la plus considérable du matériel géographique, et, dans tout enseignement, il importe également que ce matériel soit aussi perfectionné que possible, quelque méthode que suive le maître. Mais il y a certaines parties du matériel qui sont subordonnées à la méthode et qui doivent nécessairement varier suivant les pays et suivant le mode d'enseignement. Nous ne prendrons qu'un petit nombre de pays pour exemples de la place qu'occupe la géographie dans les programmes généraux de l'enseignement et des méthodes usitées.

Belgique. — La loi organique du 23 septembre 1842, qui s'était inspirée à cet égard de la loi française du 28 juin 1833, n'avait pas mentionné la géographie parmi les matières obligatoires des écoles du premier degré; elle avait réservé cette obligation pour les écoles primaires supérieures, que la loi du 1er juin 1850 a transformées en «écoles moyennes». Mais le règlement général des écoles primaires du 15 août 1846 a autorisé l'addition de matières facultatives, et, en fait, la géographie est enseignée dans presque toutes les écoles primaires soumises à l'inspection, écoles publiques ou écoles privées. En 1863, sur environ 4,000 écoles de ce genre, il n'y en avait pas 600 où cet enseignement n'existât pas, et la plupart étaient des écoles privées; on estime qu'aujourd'hui cette situation s'est encore bien améliorée. L'ouvrage de Germain, *Manuel de géographie à l'usage des écoles primaires*, est le plus suivi dans l'enseignement primaire.

L'enseignement des écoles moyennes, dont le cours est de trois années, est organisé de la façon suivante au point de vue de la géographie : 1re année, notions sommaires sur la terre et sur l'Europe, et géographie élémentaire de la Belgique; 2e année, retour sur les matières de l'année précédente, géographie de la Belgique et de l'Europe; 3e année, géographie historique de la Belgique, géographie détaillée de l'Europe et géographie générale des autres parties du monde.

Les athénées royaux comprennent deux sections : section des humanités et section professionnelle. La classe préparatoire, dans les deux sections, est consacrée aux notions générales, à l'Europe et à la Belgique; la sixième littéraire, aux notions générales sur le globe, à l'Asie et à l'Afrique; la cinquième, à l'Amérique, à l'Océanie et à la géographie ancienne de la Grèce et de l'Italie; la quatrième, à la géographie de l'empire Romain; la troisième, à la géographie physique de l'Europe et de l'Asie; la seconde, à la géographie physique de l'Afrique, de l'Amérique et de l'Océanie; la rhétorique, à la géographie de la Belgique et à la cosmographie.

La cinquième professionnelle est consacrée aux notions générales, à l'Europe et à la Belgique; la quatrième, à l'Europe plus détaillée et aux autres parties du monde; la troisième, la seconde et la rhétorique ont le même programme que les humanités.

Jusqu'à la quatrième, le cours doit commencer par la révision des matières du cours précédent. Dans les deux sections, aussi bien d'ailleurs que dans l'enseignement moyen, on doit insister tout particulièrement sur la Belgique.

Dans les écoles normales, l'École normale des humanités, à Liége, et les écoles normales d'enseignement moyen, à Bruges et à Nivelles, on apprend aux futurs maîtres la géographie. Mais, dans les universités, il n'y a pas de chaires de géographie.

Il n'y a ni règlement ni méthodes adoptés par l'État, et les résultats de cet enseignement paraissent être jusqu'ici insuffisants. Le Conseil de perfectionnement de l'instruction moyenne est saisi de la question, et une proposition a été faite à la Chambre en vue de créer une chaire de géographie savante dans les deux universités de l'État.

Suisse. — L'enseignement de la géographie occupe, en général, une place assez importante dans les systèmes d'éducation en Suisse. On s'y est beaucoup inspiré des méthodes de l'Allemagne, qui doit elle-même à Pestalozzi sa tendance à l'enseignement par l'aspect; les livres et les cartes de l'Allemagne y sont très-répandus.

Dans les écoles primaires du canton de Genève, la géographie ne figure que dans les quatrième, cinquième et sixième degrés, c'est-à-dire dans les classes supérieures, à raison de une heure ou de deux heures par semaine.

La première année, on traite des définitions en s'appuyant autant que possible sur des exemples locaux, et des notions générales sur les continents et les océans; la seconde année, des cinq parties du monde, principalement de l'Europe et de la géographie physique de la Suisse; la troisième année, de la Suisse et pays voisins, de la forme générale de la terre et des tracés géographiques.

Dans les écoles primaires du canton de Vaud, le cours primaire comprend trois degrés. Dans le premier, il n'y a, suivant l'expression du programme, que des «exercices d'intuition et de langage», situation des points cardinaux, description de la localité, rues, places, etc., à partir de la maison d'école; étude élémentaire du plan de la commune, avec explications, à l'aide de la planche noire, de la manière dont on figure sur la carte le terrain, les distances et l'orientation; connaissance des termes géographiques par des exemples. Dans le second, les exercices intuitifs se poursuivent, et l'on étudie ainsi le district avec son sol, ses eaux, son climat, ses productions, puis le canton de Vaud, puis la Suisse; de là on passe à l'étude générale de la mappemonde. Dans le troisième, on étudie la géographie physique de l'Europe, la géographie physique, mais plus sommaire, des autres parties du monde, la géographie politique de l'Europe, avec la population, les langues, les religions, etc., puis la géographie politique des autres parties du monde, et la géographie détaillée de la Suisse, y compris la statistique, l'histoire, les mœurs, l'industrie, etc. Ce cours se termine par des notions de cosmographie.

Il peut paraître quelque peu ambitieux pour de simples écoles primaires; mais il n'enferme pas l'instituteur dans une obligation stricte, et l'instruction générale lui prescrit «d'enseigner peu à la fois, mais d'enseigner chaque chose à fond».

A Neuchâtel, la première année des enfants, c'est-à-dire la cinquième classe primaire, est aussi donnée presque uniquement à l'enseignement par l'aspect, description abrégée du canton, aperçu de la Suisse, notions générales sur le globe; la quatrième classe reprend la géographie de la Suisse et les notions générales sur le globe; la troisième revient encore sur la Suisse et étudie l'Europe; la deuxième revient sur l'Europe et la Suisse et étudie les autres parties du monde; la première reprend l'étude de la Suisse et des pays voisins, et aborde les notions de cosmographie. Dans les classes primaires de filles, le programme est un peu plus simple: notions générales et Suisse, en quatrième classe, puis mappemonde et Suisse, Suisse et Europe politique, Suisse et sphère. La géographie occupe, dans les écoles de garçons comme dans celles de filles, deux ou trois heures par semaine.

Le canton de Neuchâtel, comme en général les cantons suisses, laisse aux maîtres ou aux établissements le soin de régler leurs propres programmes; il paraît être plus impératif à l'égard des livres classiques: «Tout autre ouvrage de géographie que les manuels ci-dessus indiqués doit être éliminé des écoles. » Ces manuels sont ceux d'Ulysse Guinand.

Les enfants restent jusqu'à douze ou treize ans dans les écoles ou dans les classes primaires; la plupart en sortent pour entrer dans les ateliers ou pour travailler aux champs.

Un assez grand nombre, garçons ou filles, entrent dans des écoles moyennes, où ils restent jusque vers seize ans, époque de la première communion. Ils y étudient encore la géographie. Dans les classes industrielles de Neuchâtel, on étudie, à raison de deux heures par semaine, la Suisse une année, l'Europe une autre année, les quatre autres parties du monde la troisième année; dans le cours des filles, l'ordre des matières est légèrement modifié : Europe, puis Asie, Afrique et Amérique, puis Océanie et Suisse. Dans une classe supérieure, les jeunes filles trouvent encore, entre autres cours, un cours de géographie savante.

A l'école cantonale de Porrentruy et, en général, dans les écoles secondaires du Jura bernois, l'enseignement dure sept ans; le cours de géographie s'étend sur les cinq premières années, à raison de une ou de deux heures par semaine (la section industrielle a une heure de plus que la section littéraire en quatrième année), et embrasse : 1° les notions générales et la géographie physique de l'Asie, de l'Afrique et de l'Océanie, avec quelques détails sur le climat et les productions; 2° l'Europe physique, particulièrement la Suisse, plus l'Amérique; 3° la géographie politique de l'Amérique et de l'Europe, avec quelques détails sur les religions, les races, les langues, la population; 4° la géographie politique de l'Asie, de l'Afrique et de l'Océanie, en insistant sur les colonies, et, dans la classe réale, sur la géographie commerciale; 5° la géographie détaillée de la Suisse à tous les points de vue.

Le canton de Vaud a plusieurs espèces d'établissements secondaires. La géographie occupe dans tous une place assez large. A l'école industrielle, les élèves restent, de neuf à quinze ans, dans la division inférieure; chaque année, deux ou trois heures par semaine sont consacrées à l'enseignement géographique : 1° étude élémentaire du canton de Vaud et de la Suisse, et notions sur la mappemonde; 2° Europe; 3° Asie et Afrique; 4° Amérique et Océanie; 5° étude détaillée de l'Europe et de ses colonies; 6° étude détaillée de la Suisse, notions de sphère. Dans la division supérieure, ils se partagent en section industrielle, section commerciale et section agricole. La section commerciale seule étudie la géographie : géographie commerciale et industrielle de l'Europe et de la Suisse, géographie commerciale et industrielle des autres parties du monde, avec notions sur les routes de commerce, la force productive des États, les lieux de provenance des principales matières premières et les lieux de destination des principales marchandises de l'Europe.

Les colléges communaux ont exactement le même programme, ainsi que le collége cantonal, où l'enseignement dure sept ans; on y ajoute seulement, dans ce dernier, la géographie ancienne (cours de la première classe).

Au collége classique de Genève, on étudie : 1° les généralités et la Suisse; 2° l'Europe physique; 3° l'Europe politique; 4° l'Amérique et l'Océanie; 5° l'Asie et l'Afrique; 6° et 7° la géographie ancienne. On consacre une heure ou deux par semaine à cette étude. Au collége industriel et commercial, on étudie : 1° d'une manière sommaire, l'Europe et la Suisse; 2° l'Europe septentrionale et centrale; 3° l'Europe occidentale et l'Amérique; 4° l'Asie, l'Afrique et l'Océanie, 5° la géographie commerciale.

Dans l'école secondaire et supérieure des jeunes filles, à Genève, on donne trois ou quatre heures par semaine à l'enseignement géographique : 1° notions élémentaires; 2° notions générales sur le mouvement de la terre et étude sommaire des montagnes, lacs, plateaux, rivières, avec une étude plus détaillée de la Suisse; 3° géographie politique de l'Europe; 4° géographie politique des autres parties du monde; 5° étude physique du globe et géographie commerciale; 6° géographie commerciale et industrielle.

A Neuchâtel, l'académie, qui se compose de quatre sections, enseigne la géographie dans le gymnase supérieur scientifique et dans la section de pédagogie (une année pour l'Europe, l'autre pour la Suisse et les autres parties du monde); dans la faculté des lettres, où le professeur traite cette année, dans la partie générale, des climats, et, dans la partie spéciale, de l'Europe.

En général, dans la Suisse française, les jeunes enfants reçoivent tous à l'école primaire des notions de géographie, d'abord par de simples récits du maître et par la vue des choses, ensuite par une étude régulière. Ceux qui entrent dans les écoles secondaires étudient une seconde fois la géographie, avec plus de précision et de développement; ils y reviennent même par trois fois, soit au collége, soit dans l'enseignement supérieur.

Les livres adoptés ne sont pas les mêmes pour tous les cantons ni pour tous les établissements d'un même canton. Très-souvent on emploie les livres rédigés par les maîtres eux-mêmes, ce qui enferme quelquefois l'enseignement dans un cercle un peu étroit, mais ce qui a l'avantage de donner plus d'unité à cet enseignement. Si l'on en juge par quelques ouvrages, particulièrement par le livre de M. Ager, professeur à l'académie de Neuchâtel, la géographie, dans la Suisse française, tend à se dégager de la pure nomenclature et à faire pénétrer les élèves dans la connaissance raisonnée des forces productives des nations.

On se sert beaucoup de cartes et de figures propres à fixer le regard et l'attention. On veut que ces cartes représentent avec autant d'exactitude que possible la véritable figure du terrain.

«La configuration d'un pays, dit le colonel de Mandrot, influe sur le régime de ses fleuves et de ses rivières, sur son climat et par conséquent sur ses produits, sur son industrie, et, par une suite logique de ce qui précède, sur les occupations mêmes et sur le caractère du peuple qui habite ce pays. Si l'élève peut *voir*, pour ainsi dire, le relief du pays dont on l'entretient, il comprendra de suite pourquoi tel canal, tel chemin de fer a été dirigé dans un sens plutôt que dans tel autre....» Réflexions très-judicieuses dont doivent se bien pénétrer tous les auteurs de manuels de géographie et tous les professeurs.

La Suisse allemande paraît apporter plus de soin encore que la Suisse française à ce genre d'études.

Berne, qui possède des écoles de tous les degrés, peut être pris comme type à cet égard. On y consacre deux heures par semaine dans les classes du deuxième et du troisième degré des écoles primaires : la commune, le district et le canton, pour le deuxième degré: la Suisse, l'Europe et la terre, pour le troisième degré; le programme est minutieusement développé. Dans les écoles secondaires, deux heures par semaine, pendant deux, quatre ou six ans, suivant la nature de ces écoles. Dans les écoles de six ans, on place les notions générales en première année; en seconde, la Suisse et surtout le canton; en troisième, l'Europe: en quatrième, la Suisse envisagée surtout au point de vue politique; en cinquième, les parties du monde extra-européennes, en insistant sur les colonies; en sixième, la géographie mathématique et un retour sur la géographie de la Suisse, principalement au point de vue économique. On donne une importance très-grande aux tracés graphiques, et on évite de fatiguer les élèves par les énumérations de noms ou de chiffres superflus: on se sert des atlas allemands, des cartes de Ziegler et de cartes en relief. Dans l'école cantonale, la division élémentaire a, pendant deux ans, une heure de géographie par semaine, et étudie Berne et la Suisse; la division littéraire, durant cinq années, sur un total de huit années d'études, a deux heures de géographie par semaine, et voit successivement : 1° les notions préliminaires; 2° trois parties du monde, Europe, Asie, Australie; 3° l'Amérique, avec récapitulation des trois autres parties; 4° l'Afrique avec la Suisse: 5° l'Europe avec les États-Unis et la géographie mathématique. La section scientifique suit les mêmes programmes; mais elle a de plus une année consacrée à la géographie commerciale et statistique.

Zurich, qui au point de vue des études n'a pas moins d'importance que

Berne, donne dans son école cantonale deux heures de géographie une année, trois heures l'autre, aux élèves de la division inférieure; trois heures ou deux heures, aux élèves de la section professionnelle, pendant quatre années, sur un cours total de six ans.

A Zurich, à Bâle, à Lucerne, dans l'Argovie, comme à Berne, c'est par l'étude de la commune, puis du canton, que l'on débute toujours; on s'occupe beaucoup du dessin des cartes; on munit les écoles de globes, de tellurium, de cartes murales. Au realgymnase de Bâle, dont le cours de cinq ans est divisé en notions préliminaires, Suisse, Europe, parties du monde, une année tout entière (celle qui suit l'étude de l'Europe) est consacrée à «l'étude approfondie des cartes de France, de Belgique et d'Allemagne.»

Allemagne. — L'Allemagne ne diffère pas d'une manière très-sensible de la Suisse sous le rapport des études géographiques. Mais, en général, c'est elle qui a fourni les modèles, et le modèle vaut mieux que la copie. Elle a d'ailleurs des ressources qui manquent à la Suisse : de grandes librairies géographiques, comme celle de Justus Perthes à Gotha, de nombreux savants, plusieurs sociétés géographiques, l'université de Berlin où trois chaires sont consacrées à la géographie; en 1872, pendant que M. Kiepert traitait de la géographie ancienne de l'Europe et de l'histoire des découvertes, M. Miller traitait de la géographie du nouveau monde et le docteur Bastian de l'ethnologie et de l'anthropologie. A l'université de Leipsig, il existe une école géographique privée, fondée par M. O. Peschel.

Dans les écoles d'Allemagne, on s'attache avant tout à parler aux yeux : les murs sont couverts de grandes cartes, de vues de pays, de représentations d'objets utiles, arbres, animaux, produits divers. Même lorsqu'il est distrait, l'enfant s'instruit.

Dans les écoles primaires de campagne, la loi prussienne veut que les enfants de six à quinze ans reçoivent d'abord des notions sur la commune, sur leur province, sur l'Allemagne entière, sur les grands phénomènes du système solaire et du globe, sur la géographie physique et les productions du monde. Par cet enseignement dont on recommande de ne jamais faire une nomenclature aride, on se propose d'atteindre un triple but : donner aux élèves certaines connaissances spéciales, développer d'une manière générale l'intelligence, et soutenir certaines autres branches de l'enseignement par les compléments que la géographie leur fournit[1].

[1] «Der geographische Unterricht beginnt «mit der Heimathskunde; sein weiteres Pensum bilden das deutsche Vaterland... um den «Unterricht in Mittheilung blosser Nomenclatur ausarten zu lassen.» (Règlement du 15 octobre 1872.)

Dans les écoles primaires, on paraît user largement des tracés au tableau. On n'en use pas moins dans les gymnases et dans les *Realschulen.* Les élèves font des cartes au tableau en classe, font chez eux des cartes qu'ils ne doivent pas calquer et qu'ils exécutent d'après divers systèmes : les cartes muettes et les cartes préparées avec certains points de repère sont employées. Les circulaires recommandent aux maîtres d'être clairs, d'apprendre bien aux élèves à lire couramment une carte; aussi, pendant les leçons, les élèves n'ont-ils en général devant eux qu'une carte; ils se servent de livre quand ensuite ils étudient ou repassent la leçon. Les circulaires insistent aussi pour que les maîtres réduisent, autant que possible, la nomenclature, posant ce principe qu'il s'agit moins de savoir beaucoup de noms et beaucoup de chiffres que de se reconnaître avec facilité sur la carte et de pouvoir dresser soi-même des cartes de mémoire. La première règle est toujours de faire voir les choses, et, quand on peut, on les fait voir sur le terrain. On fait des promenades : les élèves doivent en rendre compte, et expliquer géographiquement ce qu'ils ont vu, au besoin le retracer au tableau : c'est une pratique usitée même dans quelques écoles primaires.

Ces écoles sont d'ailleurs munies de globes, de telluriums : toute école prussienne doit avoir le globe édité par l'Institut de Weimar. (4 novembre 1873.) Dans les écoles primaires, les cartes murales sont d'ordinaire le planisphère, l'Europe, l'Allemagne et la Palestine. Dans les écoles secondaires, les mêmes cartes et de plus les quatre autres parties du monde; chaque élève y a son atlas. Dans les cours supérieurs, on se sert des meilleurs atlas anciens et modernes. On se sert aussi, pour la démonstration, de profils orographiques, assez souvent même de reliefs.

Les ouvrages de Daniel, qui forment trois séries graduées selon l'âge des élèves, et dont un est parvenu à sa 64ᵉ édition, les livres de Klöden, ceux de Seidlitz (*Schulgeographie*) recommandés par le Gouvernement, ceux de W. Putz (*Lehrbuch der vergleichenden Erdbeschreibung*), l'atlas de Lange (atlas de 32 cartes qui coûte environ 1 franc), le petit atlas de Sydow, le petit atlas de Stieler, le petit atlas de Kiepert, les cartes murales de Sydow, de Kiepert, de Möhl, sont les ouvrages le plus employés.

Le règlement du 15 octobre 1872 pour les écoles moyennes en Prusse rappelle tout à fait celui qui, au mois de mai de la même année, était présenté en France par la commission de géographie au ministre de l'instruction publique : 4ᵉ classe (ou classe inférieure), la commune et ses environs, généralités sur le monde; 3ᵉ classe, les continents, les océans et l'Europe; 2ᵉ classe, géographie générale des cinq parties du monde; 1ʳᵉ classe, le royaume de Prusse.

Le Ministère de l'instruction publique fait en général savoir par des circulaires les ouvrages qu'il préfère, mais n'en impose aucun. En Saxe, la liberté s'étend même jusqu'à l'emploi du temps que le maître règle comme il l'entend. Un professeur distingué, *privat-docent* à l'Université de Leipsig et auteur d'une méthode d'enseignement géographique très-recommandable, insiste sur ce point; il dit, et avec beaucoup de raison, dans la conclusion de son travail : « La méthode n'est qu'une feuille morte; elle n'est vivifiée que par le zèle du maître et des élèves. »

Dans les gymnases allemands, on enseigne en sixième les notions premières, le système général des montagnes et des eaux; en cinquième, les cinq parties du monde et surtout l'Europe (moins l'Allemagne), en mêlant la géographie à l'histoire; en quatrième, l'Allemagne; en troisième, l'Allemagne, l'Europe et les cinq parties du monde; en seconde, la géographie ancienne de la Grèce et de l'Italie; en rhétorique, la cosmographie.

Dans plusieurs gymnases, on place la géographie ancienne en quatrième, parce qu'on traite en quatrième de l'histoire ancienne. Les leçons d'histoire doivent d'ailleurs être accompagnées, lorsqu'il y a lieu, d'un commentaire géographique; c'est le même professeur qui est chargé de l'un et de l'autre enseignement, et il peut modifier le programme à son gré : ainsi, à Berlin, au gymnase Frédéric-Guillaume, où l'on suit en grande partie les ouvrages de Voigt, l'ordre des matières est tout différent.

En général, les gymnases consacrent à l'étude de la géographie beaucoup moins de temps que les *Realschulen* et que les écoles industrielles (*Gewerbeschulen*).

Un arrêté récent du ministre a décidé que dans les examens de sortie les élèves des gymnases ne seraient interrogés que sur la géographie physique, et que les élèves des *Realschulen* seraient interrogés sur l'ensemble de la géographie, c'est-à-dire sur les cinq parties du monde, sur les stations commerciales et les produits commerciaux, sur la géographie détaillée de l'Allemagne, sur la géographie physique et politique, sur la géographie générale au point de vue des rapports internationaux du commerce. Il faut d'ailleurs bien se garder de croire que les Allemands, pour être plus avancés que nous, soient encore arrivés dans cet enseignement au niveau désirable. Avant la guerre, leurs pédagogues se sont plaints plus d'une fois de l'insuffisance des études géographiques dans l'enseignement classique. « Trop souvent dans les révisions et dans les « abiturienten-examen », les élèves des hautes classes sortis de nos établissements d'instruction sont restés au-dessous de la mesure désirable en ce qui concerne la géographie. » (*Centralblatt für die gesammte Unterrichts-Verwaltung in Preussen,* 1862, page 265.) « On ne saurait croire avec quelle nonchalance est traité l'enseignement de la géographie dans nos établissements d'instruction (*Pädagogischer Jahresbericht*, 1868, p. 452).

Dans l'école préparatoire (*Vorschule*) de Berlin, la géographie est absente durant les deux premières années; pendant les trois dernières années, on lui consacre deux et trois heures par semaine, étudiant d'abord la patrie et les éléments de la géographie, ensuite le globe et l'Europe, enfin l'Europe et les quatre autres parties du monde: c'est un programme d'école primaire.

L'école des métiers de Friedrichswerder à Berlin, dont les cours durent neuf ans, consacre, en sixième année, trois heures par semaine au globe, à la carte, à l'Océan, à l'Australie, à l'Afrique, à l'Asie et à l'Amérique; en cinquième, trois heures à l'Amérique et à l'Europe; en quatrième (division supérieure), quatre heures à l'Allemagne; en troisième, quatre heures à l'Allemagne, dans la division inférieure, et autant dans la division supérieure; en seconde, dans la division inférieure, trois heures aux pays hors d'Europe, et dans la division supérieure, trois heures à l'Europe et à une révision générale; rien dans la première classe et dans la division inférieure de la quatrième classe.

Les *Realschulen* de la Saxe donnent dans chacune des six classes deux heures à la géographie: 1° usage de la carte, forme de la terre, grands et petits cercles, terre et eaux, parties du monde, et, si le temps le permet, Saxe et Palestine; 2° révision du cours précédent et vue d'ensemble de la surface terrestre; 3° cinq parties du monde; 4° Europe et surtout Allemagne, sous le rapport de l'industrie et du commerce; 4° et 5° quatre parties du monde, sous le rapport commercial et industriel; géographie mathématique. Ce programme donne une idée assez exacte de la méthode générale des Allemands dans cette partie de l'enseignement: donner d'abord une idée des lois générales de la nature et des formes du terrain et des grands phénomènes de l'hydrographie; étudier ensuite chaque partie du monde avec détail, l'Allemagne avec plus de détail encore; partir ensuite de l'Allemagne pour apprendre à connaître les richesses du sol national, puis les richesses de l'Europe et du monde entier.

A Berlin, la *Realschule* de première classe consacre à la géographie trois heures en sixième et en cinquième, deux heures ou une heure en quatrième et en troisième (division inférieure et division supérieure); à l'histoire et à la géographie réunies, trois heures en seconde (division supérieure et division inférieure) et en première. Dans ces trois dernières, le cours de géographie est subordonné au cours d'histoire.

Dans les provinces rhénanes, à Crefeld, les élèves de la *Realschule* ont, pendant une durée totale d'études de six ans, deux heures par semaine durant les quatre premières années, une heure durant les deux dernières, rien dans l'année préparatoire. Le programme est ainsi divisé : 1° premières notions, manière de se servir des globes et des cartes, mappemonde, continents; 2° exposé général de la géographie; 3° étude détaillée de l'Europe; 4° les quatre autres parties du monde; 5° les États d'Europe; 6° révision, lignes de navigation, chemins de fer, etc. Les élèves qui étudient le latin ne suivent pas le cours de ces deux dernières années.

Dans l'école supérieure des jeunes filles de Berlin, la géographie est absente des deux premières classes. Elle figure au programme des six autres classes à raison de deux heures par semaine: 1° étude de l'Allemagne au moyen surtout de cartes muettes; 2° quatre parties du monde; 3° Europe et détails sur l'Allemagne; 4° quatre parties du monde; 5° géographie politique et mathématique de l'Europe; 6° géographie politique et mathématique des cinq parties du monde.

Dans l'Allemagne du Sud, les études sont à très-peu près les mêmes que dans l'Allemagne du Nord. On y attache aujourd'hui plus d'importance qu'autrefois: ainsi, en 1817, les *Realschulen* ne comptaient que quatre années de cours, plus la préparation.

La géographie avait une heure par semaine en préparatoire et en première année, trois heures en seconde année, quatre heures en quatrième année. Le cours aujourd'hui est de sept années : la géographie a deux heures en troisième année, quatre heures en quatrième année, cinq heures en cinquième, sixième et septième année.

Dans l'école supérieure de commerce (Wurtemberg), on donne chaque semaine trois heures à la géographie.

En Allemagne, comme en Suisse, en Autriche, en Suède, le maître, dans les cours élémentaires, commence par mettre, pour ainsi dire, le jeune enfant en présence des lieux qui l'entourent; il lui fait mesurer la classe, il dresse au tableau le plan de l'école, il interroge les élèves pour les amener à comprendre la position relative des choses, bancs, salles, jardin, cour, et leur apprend à s'orienter; il leur montre à se guider sur une carte de la ville ou des environs du village; il y marque, s'il y a lieu, les collines, les cours d'eau; et il explique chaque chose d'autant plus facilement que les enfants l'ont présente, ou devant les yeux, ou dans la mémoire. La définition des termes géographiques, en même temps que leur représentation sur le tableau ou sur la carte, se fait par des exemples : c'est une des applications les plus naturelles et les plus fécondes de l'enseignement par l'aspect. De la commune, l'élève passe au cercle ou à la province, et aborde ensuite l'étude de son pays et celle de la terre.

C'est en vue de cette méthode que l'Allemagne exposait tant de cartes provinciales et même des plans de ville, comme Leipsig, en style mural.

Ce mode d'enseignement rencontre, avons-nous dit, un obstacle dans l'impossibilité où l'on est de graver une carte et d'imprimer un volume pour chaque commune en particulier. On ne peut que proposer des modèles; le maître doit faire le reste, et payer de sa personne en créant son enseignement. Or tous les maîtres ont-ils l'ardeur nécessaire? Beaucoup, n'ayant pas le loisir de faire une explication et une interrogation sous forme de causerie, ne trouvent-ils pas plus commode de donner tant de lignes de tel livre à apprendre par cœur à une division, pendant qu'ils corrigent le devoir de la division voisine? Pour réussir dans cette voie, il faut d'abord former les maîtres et les soutenir par des encouragements. Le meilleur livre allemand en ce genre que nous ayons vu à l'Exposition est celui de Rommel, géographe saxon, qui prend la ville de Leipsig comme type, et, à l'aide d'explications et de nombreuses figures, conduit l'enfant du plan de l'école jusqu'à la carte de la ville. C'est un livre bien fait, un peu trop riche de détails, à mon avis, car le but n'est pas tant d'apprendre la position de toutes les rues d'une ville, que de comprendre, par l'exemple d'une ville ou d'une commune, les éléments géographiques.

Autriche. — L'Autriche pratique à peu près les mêmes méthodes.

Ses écoles primaires n'enseignent le plus souvent la géographie que dans le cours supérieur; mais quelques écoles, comme l'école supérieure protestante de Vienne, lui consacrent cinq heures par semaine.

Dans la *Realschule* supérieure de Vienne, l'histoire et la géographie ont trois heures par semaine dans chacune des trois classes inférieures; quatre heures dans chacune des trois classes supérieures; et le cours de la dernière classe porte sur la statistique comparée de l'empire d'Autriche et des autres États de l'Europe.

L'Autriche avait exposé des cartes manuscrites dressées dans le style mural par plusieurs instituteurs qui prennent la commune comme point de départ de leur enseignement, et qui suppléent par leur propre travail à l'insuffisance du matériel imprimé. C'est un effort trop louable pour que le Jury ne songeât pas à l'encourager; et il a donné des diplômes de mérite à M. Schiller, instituteur à Aicha (Bohême), pour sa carte du cercle de Turnau; à M. Navralil, professeur dans l'école des filles d'Olmütz; à l'instituteur de l'école de Botzen, qui avait onze grands tableaux manuscrits, très-bien dessinés et représentant, l'un l'école, un autre le quartier, un troisième la ville, un quatrième les environs, etc.; à M. Masek, instituteur à Nova-Paka (cercle de Jicin), pour une carte topographique des environs, une carte géologique de sa commune et une collection géologique faite en collaboration avec M. Jeman; enfin à M. Haala, de Znaim.

Il importe aussi à un bon enseignement que les maîtres dessinent au tableau et que les élèves fassent beaucoup de cartes.

Il est bon de les aider avec intelligence, de manière surtout à épargner le temps en faisant profiter le plus possible l'élève. Je n'aime pas ce tableau noir, exposé par M. Fuchs, sur lequel est imprimé en rouge terne, peu visible à distance, une carte complète de l'Autriche : je comprends bien quelle facilité aura le maître à marquer, avec la craie blanche, fleuves, montagnes ou villes; mais je crains qu'il ne donne pas par là à ses élèves une suffisante confiance dans ses connaissances, et je ne vois pas comment ceux-ci pourront être utilement appelés à tracer eux-mêmes les choses au tableau. Je préfère, dans ce cas, les tableaux-cartes de M. Vogel, de Leipsig, qui sont peints, sans dissimulation, en jaune sur noir, avec fleuves et montagnes, et que le maître ne fait que compléter, et mieux encore, bien qu'un peu chargées, les cartes sur toile cirée de M. Schauenburg, de Leipsig, qui ne donnent que les eaux en bleu avec fond noir, points de repère suffisants pour guider le maître et ne permettant à l'élève de répondre, la craie à la main, que s'il a véritablement appris.

Les cartes muettes qu'on met entre les mains des élèves et sur lesquelles ils dessinent peuvent être aussi d'un utile secours; mais elles doivent être toujours simples, guider l'élève, mais en l'obligeant à faire toujours un travail personnel qui ne soit pas une simple copie. Celles que publie M. Ignaz Fuchs, de Vienne, surtout celles de Lohre, de Hambourg, nous paraissent dépasser à cet égard la mesure. Celles de Vogel, sur papier-goudron, donnant seulement les degrés et les principaux caps comme uniques points de repère, sont de nature à exercer beaucoup mieux des élèves déjà avancés.

Angleterre. — L'enseignement de la géographie est loin d'avoir reçu en Angleterre les mêmes développements qu'en Suisse et en Allemagne. Les Anglais eux-mêmes s'en plaignent, et nous avons peu de modèles à chercher chez eux.

Cependant la Société de géographie de Londres met chaque année au concours des sujets, quelquefois très-difficiles, qui sont traités dans certains colléges et qui donnent lieu à des prix. C'est un mode d'émulation qui est approprié à l'organisation générale de l'enseignement en Angleterre et qui peut donner de bons résultats.

Plusieurs administrations anglaises font subir un examen aux candidats qui se présentent pour entrer, et dans le programme de cet examen figure le plus souvent la géographie. C'est, après l'arithmétique, la faculté à laquelle on semble le plus s'attacher. Elle est exigée par l'administration des douanes et pour bien d'autres administrations. L'examen consiste dans une interrogation, dans un devoir écrit et souvent dans une carte muette que le candidat doit remplir.

On pose par écrit une douzaine de questions, plus ou moins. A chacune le candidat répond par écrit, comme il peut. En voici un exemple tiré de l'examen de l'administration des douanes :

1° Sur la carte d'Angleterre ci-jointe, marquer Londres, Douvres, Cheltenham (suivent dix-sept noms de villes et un nom de cap); 2° tracer le cours de la Severn, de l'Ouse (suivent les noms de cinq autres rivières), et 3° marquer les noms des comtés dont les frontières sont indiquées.

États-Unis. — Les États-Unis, dans leurs programmes, font à la géographie une place très-inégale, suivant les États. Dans les écoles primaires de Boston, la géographie n'est mentionnée nulle part; mais, dans l'école de grammaire, elle est enseignée pendant trois ans, dans un cours de quatre années, d'après les livres de Warren; dans l'école latine, la géographie ne figure que dans deux années sur six; dans le programme des études du collége d'Harvard, il n'en est pas question. Mais, à New-Bedford, dans le même État, on s'occupe beaucoup plus de cette faculté; et à Chicago, dans un cours primaire divisé en dix degrés, la géographie est représentée dans cinq degrés, et le dessin des cartes est spécialement recommandé.

La méthode la plus suivie ou du moins la plus originale est celle de M. Arnold Guyot. Elle se fonde, comme la méthode qui débute par la commune, sur la facilité qu'ont les enfants de comprendre et de retenir par la vue; elle évite les définitions abstraites et les nomenclatures, et, mettant à profit les scènes de la nature, tempêtes, cascades, paysages de forêts, les travaux des hommes tels que chasse, labourage, ou les lois élémentaires de la physique du globe, vent, hiver, elle intéresse par des images que le maître accompagne de descriptions, sans s'attacher précisément à décrire le lieu qu'il habite. Ces deux méthodes sont rationnelles et bien préférables à celle qui consiste à faire apprendre par cœur, au début, une longue série de définitions abstraites sur les termes géographiques, et à continuer par des séries de noms propres, mers, îles, villes, etc., sans commentaire; si l'on ajoute, ce que tous les auteurs de géographie blâment, mais ce que certains membres pratiquent, sans carte, on arrive à faire de la géographie, qui est par elle-même attrayante, l'enseignement le plus fastidieux et le plus stérile.

France. — En France, la géographie n'est devenue qu'assez tard une des matières obligatoires de l'enseignement primaire. Talleyrand et Condorcet l'avaient cependant mentionnée dans leurs projets, et la loi du 30 vendémiaire an II prescrivait, dans le style caractéristique de l'époque, d'enseigner «les éléments de la géographie et l'histoire des peuples libres.» Sous l'Empire, les matières furent plus restreintes : recommandation fut même faite aux inspecteurs de «veiller à ce que les maîtres d'école ne portassent pas leur enseignement au-dessus de la lecture, l'écriture et l'arithmétique» (décret du 15 novembre 1811, art. 192)[1]. Royer-Collard ramena l'attention sur la géographie, en la plaçant dans le programme du brevet de capacité de premier degré; et la loi du 28 juin 1833, en constituant l'enseignement primaire, mit «la géographie, et surtout la géographie de la France,» au nombre des matières obligatoires de l'enseignement primaire supérieur.

La loi de 1850 supprima la distinction d'enseignement primaire élémentaire et supérieur; la géographie se trouva reléguée dans la catégorie des matières purement facultatives, et, d'après un règlement de 1851, l'instituteur ne put ajouter cet enseignement aux matières obligatoires qu'après avoir obtenu l'autorisation du conseil départemental. La loi du 10 avril 1867, votée sous le ministère de M. Duruy, rangea l'histoire et la géographie de la France parmi les matières obligatoires de l'enseignement primaire.

C'est à la suite de cette loi que M. Gréard, inspecteur d'académie, chargé du service de l'instruction primaire dans le département de la Seine, rédigea l'organisation pédagogique des écoles publiques du département de la Seine (1868); la géographie avait sa place dans chacune des années du cours triennal, et le programme, quelque peu modifié par l'expérience, comprenait dans le cours élémentaire les premières notions sur le globe et la France, avec étude de l'école et de ses environs au début; dans le cours moyen, des notions sommaires sur les cinq parties du monde et particulièrement sur l'Europe; dans le cours supérieur, la géographie physique, politique, agricole, industrielle et commerciale de la France.

Le ministère de l'instruction publique n'a pas rédigé de programme général pour l'enseignement de la géographie dans les écoles primaires. La Commission de géographie instituée en 1871, sous le ministère de M. J. Simon, avait préparé un projet qui, jusqu'à ce jour, n'a pas été soumis au Conseil supérieur de l'instruction publique; elle s'attachait aux procédés propres à développer l'intelligence autant que la mémoire de l'enfant.

«Le maître, disait-elle dans l'instruction relative au cours élémentaire, parlera aux enfants surtout des choses que ceux-ci ont vues, du cours d'eau

[1] Voir la *Législation de l'instruction primaire en France depuis 1789 jusqu'à nos jours*, par M. Gréard.

le plus voisin; après la pluie, il leur montrera les ravins que l'eau a creusés dans le sable de la cour, la manière dont cette eau forme des lacs, entoure des îles, descend les pentes en minces filets qui se réunissent les uns après les autres pour former dans les parties basses de plus larges ruisseaux, et il leur expliquera comment ils ont sous les yeux une image en petit des fleuves et de leurs affluents.

« Il leur fera remarquer que le soleil éclaire l'école d'une manière différente le matin et le soir, et il leur apprendra à connaître les points cardinaux et à s'orienter.

« Il leur tracera le plan de cette école sur le tableau, et il les habituera à distinguer ce qui est à droite de ce qui est à gauche, ce qui est devant de ce qui est derrière. Il ne craindra pas d'insister sur cette partie, de mesurer au besoin, en présence des enfants et avec leur aide, la longueur des murs, l'étendue de la cour et du jardin, et de rapporter ces mesures sur le tableau; il sera récompensé de sa peine, parce que ses élèves auront l'esprit plus ouvert. Il tracera également le plan des environs de l'école ou même du village, et il aura, à cet égard, atteint le but quand ses élèves seront capables de montrer sur ce plan avec la baguette le chemin qu'il faut suivre pour se rendre de l'église à leur maison, ou d'un point quelconque à un autre point.

« Pour leur donner une idée d'une montagne, d'une chaîne de montagnes, d'un col, d'une île, d'une côte basse, d'une côte escarpée, d'un cap, il emploiera des exemples bien connus des enfants, et, à défaut d'exemples, des reliefs en plâtre ou un peu d'argile qu'il façonnera de ses mains, ou du sable sec que les élèves pourront manier à leur tour pour reproduire ce qu'il aura fait le premier.

« Pour faire connaître la forme de la terre, il n'essayera aucune démonstration; il fera voir un globe, instrument que toutes les écoles devront posséder. Il s'appliquera à rendre toutes ses explications sensibles aux yeux, et à faire par là que ses leçons, toujours correctes, intéressent les enfants et soient presque pour eux une récréation. »

Depuis 1870, les conseils généraux, les inspecteurs, les examinateurs pour le brevet de capacité, les maires et les instituteurs ont compris l'importance de cet enseignement en lui-même et le profit qu'on en pouvait tirer pour le développement des intelligences dans l'instruction primaire, et ont déployé un zèle qui n'a pas été sans porter déjà des fruits. A Paris, les diverses associations qui donnent des cours d'adultes ont fait à la géographie la place plus large. Il est désirable que ce zèle soit encouragé et soutenu.

Dans les programmes de l'enseignement des lycées, la géographie avait une place en 1802; mais la distribution des matières semble indiquer qu'on se préoccupait médiocrement de la méthode et qu'on donnait peu d'attention à cette faculté. Sous l'Empire et sous la Restauration, la géographie fut presque entièrement reléguée dans les classes de septième et de sixième, et on s'attacha surtout à la géographie ancienne. En 1842, la géographie fut étroitement associée et subordonnée à l'histoire dans chacune des classes de grammaire et d'humanités : les professeurs enseignèrent, quelquefois même avec profusion de détails stériles, la géographie historique, mais sans assurer préalablement cette étude sur un fonds solide de géographie physique, qui seule peut la rendre véritablement profitable à l'esprit. Cependant, de cette période datent plusieurs livres de classe qui rendirent des services à cet enseignement.

En 1852, la géographie prit rang pour la première fois parmi les facultés qui étaient l'objet d'une étude particulière et suivie : quelques notions préliminaires sur la terre et sur la France, dans les classes élémentaires; l'étude sommaire de la géographie ancienne et l'étude détaillée de la France, dans les classes de grammaire; la géographie générale, la géographie de l'Europe et la géographie physique, politique, industrielle et commerciale de la France, dans les classes d'humanités. Les programmes du 12 août 1857, rédigés sous le ministère de M. Rouland, modifièrent quelque peu et améliorèrent l'ordre des matières, en plaçant en sixième la géographie générale et l'Asie, en cinquième l'Europe et l'Afrique, en quatrième l'Amérique et l'Océanie; puis, avec plus de développements, l'Europe en troisième, les quatre autres parties du monde en seconde, la France en rhétorique. Depuis 1852, une classe particulière, ayant lieu une fois tous les quinze jours, avait été affectée à l'enseignement géographique dans chacune des classes d'humanités. « On s'est montré très-sobre de détails historiques, disait le ministre en 1857; on a jugé qu'il fallait imposer aux professeurs l'obligation de faire connaître surtout la géographie physique du globe et les divisions générales de la géographie politique actuelle, en y rattachant quelques notions de géographie comparée, pour l'intelligence de l'histoire ancienne. »

Cet enseignement s'adressait alors en même temps aux élèves de la section littéraire et à ceux de la section scientifique. En 1865, le ministre qui supprimait la bifurcation modifia le programme géographique et supprima la classe de quinzaine. « La géographie, disait-il, est une nomenclature dont la mémoire doit se charger, et qui, comme toutes les nomenclatures, s'oublie vite. Aussi la faisons-nous apprendre deux fois : d'abord dans les classes de grammaire d'une manière élémentaire, ensuite dans les classes d'humanités d'une façon plus complète. Pour apprendre cette nomenclature, il n'est pas besoin d'une classe régulière; quelques dessins et des interrogations suffisent.» C'était rabaisser la géographie que la traiter comme une nomenclature[1]. Le nouveau programme reflétait cette préoccupation; il conservait l'étude de l'Europe en troisième, et celle des quatre autres parties du monde en seconde; mais il ne donnait à la rhétorique qu'une révision des cours de troisième et de seconde, révision sans intérêt pour le professeur comme pour les élèves, et il supprimait l'étude particulière de la France, qui se trouvait ainsi bannie de notre éducation nationale. Supprimer la classe de quinzaine, affectée à l'enseignement géographique, c'était le réduire presque à néant, parce que la plupart des professeurs, ayant à remplir un long programme d'histoire, ne devaient pas trouver de temps à en distraire au profit de la géographie. Des conférences, il est vrai, devaient remplacer la classe: elles ne furent guère organisées que pour les classes de mathématiques élémentaires, et, même dans ces classes, l'enseignement géographique ne donna que de très-médiocres résultats: au mois de juillet 1870, le jury chargé de la correction des compositions d'histoire et de géographie au concours général se plaignait de la «profonde ignorance en géographie», même chez des élèves dont les copies arrivaient à une nomination et dont plusieurs assurément étaient sur le point d'entrer à l'École militaire.

En même temps que le ministre réduisait la géographie dans l'enseignement classique, il l'introduisait dans l'enseignement spécial qu'il fondait, et lui donnait là avec raison une place importante, comme dans les *Realschulen*. Sur un cours de cinq années, la géographie figurait dans quatre années; la géographie physique et politique, avec le département pour point de départ de l'étude de la France, dans les deux premières années (année préparatoire et première année); la géographie agricole, industrielle, commerciale et administrative de la France et la géographie commerciale des cinq parties du monde en seconde et en troisième année[2].

En 1871, M. J. Simon, ministre de l'instruction publique, chargea MM. Levasseur et Himly de faire une inspection générale des établisse-

[1] Le ministre ajoutait, il est vrai: «La géographie n'est pas seulement une nomenclature, elle est encore une science fort belle, très-philosophique, et qui explique la moitié de la destinée des peuples. Aussi faut-il sans cesse la mêler à l'histoire.» Il avait lui-même appliqué ce principe, comme professeur, dans plusieurs ouvrages classiques et dans sa remarquable Introduction à l'histoire de France. Mais, pour que cette science soit cultivée, il faut qu'elle ait une place distincte dans l'enseignement.

[2] M. Baudouin, inspecteur général de l'enseignement primaire, chargé de préparer l'ensemble des programmes, demanda à M. Périgot de rédiger celui des deux premières années, à M. Levasseur celui des deux autres années.

ments de l'instruction publique, au point de vue de l'enseignement de l'histoire et surtout de la géographie, que le ministre, conformément au sentiment public, se proposait d'améliorer. Les deux inspecteurs constatèrent dans leur rapport [1] que, pour s'élever au niveau désirable, il y avait beaucoup à faire, sous le rapport du matériel et de l'enseignement.

Le ministre rétablit la classe de quinzaine consacrée à la géographie, et institua une Commission à laquelle il demanda de l'éclairer sur les mesures les plus propres à fortifier cet enseignement et de préparer des projets de programmes. Ces projets, appliqués provisoirement et à titre d'essai pendant les années scolaires 1873 et 1874, ont été, après certaines modifications de détails, revêtus de la sanction du Conseil supérieur, et sont devenus, à partir du mois d'octobre 1874, les programmes officiels de l'enseignement géographique. L'esprit de ces programmes a été résumé dans les lignes suivantes [2]:

« Dans les nouveaux programmes de géographie, la distribution générale des matières repose sur les principes suivants: revenir plusieurs fois sur les mêmes sujets, afin de les graver dans la mémoire; procéder non par une simple répétition, mais par une gradation progressive; donner à chaque pays un développement proportionnel à l'intérêt qu'il doit nous inspirer. En conséquence, dans les trois classes élémentaires, préparatoire, huitième et septième, un enseignement tout primaire, destiné à « ouvrir les intelligences aux premières notions de la géographie [3], » et comprenant la connaissance générale de la Terre, de l'Europe et de la France. Dans les trois classes de grammaire, sixième, cinquième, quatrième, une année à la Terre moins l'Europe, une année à l'Europe moins la France, une année à la France avec ses colonies, et un enseignement dirigé en vue de « faire apprendre la géographie physique d'une manière précise, et de donner en même temps les premières notions de géographie politique ». Dans les trois classes d'humanités, troisième, seconde, rhétorique, une année à la Terre, une année (celle de rhétorique) à la France, et un enseignement dans lequel le professeur devra revenir sur la géographie physique, base de toutes les autres connaissances géographiques, « soit pour en raviver le souvenir, soit pour y ajouter de nouveaux développements qui auraient dépassé le niveau des intelligences dans les classes de grammaire »; insister sur la géographie politique, en l'éclairant par l'histoire; enfin ajouter pour la première fois des notions de géographie économique,

[1] Bulletin administratif du ministère de l'instruction publique du 17 novembre 1871.

[2] Extrait des *Comptes rendus de l'Académie des sciences*, 26 octobre 1874. Présentation des programmes de géographie par M. E. Levasseur.

[3] Circulaire de M. le Ministre de l'instruction publique, en date du 17 août 1874.

en faisant connaître les principaux produits de l'agriculture, des mines, de l'industrie, l'état des voies de communication et du commerce, celui de la population, « sans jamais se perdre dans les détails de la statistique. »

« Les programmes, ainsi que le rappelle la circulaire du 17 août 1874, insistent sur la nécessité de décrire les grands phénomènes de la nature et de faire connaître les productions caractéristiques des contrées, la richesse des États et leur organisation politique. » En effet, ce n'est pas en visant à apprendre beaucoup de noms propres, c'est en rendant un compte exact des faits et en faisant comprendre la relation des choses entre elles, qu'on forme l'esprit et que la géographie devient un des exercices propres à contribuer au développement des intelligences dans un enseignement classique.

« Pour atteindre ce but, il importe, dans l'enseignement élémentaire, de décrire avec soin les choses, de les mettre, s'il est possible, sous les yeux de l'enfant, ou du moins de lui en faire voir une image saisissante, afin de faire une impression durable en frappant ses yeux. Dans un enseignement plus élevé, il faut remonter jusqu'aux causes pour faire comprendre les effets. Combien mieux ne se figure-t-on pas le relief d'une contrée, lorsqu'on a sous les yeux une carte géologique et que l'on possède quelques notions sur la formation des terrains et sur les soulèvements successifs! Combien la connaissance de la perméabilité ou de l'imperméabilité d'un sol n'aide-t-elle pas à se rendre compte du régime des eaux! Combien la météorologie n'ouvre-t-elle pas d'aperçus intéressants sur l'abondance ou la rareté de ces eaux que le sol absorbe ou qu'il laisse glisser sur sa surface!

« L'œuvre de la nature est une des faces de la géographie; l'autre face appartient à l'homme. C'est l'homme qui, sur le sol qu'il a occupé, bâtit ses demeures, trace ses routes, cultive les champs, exploite les mines, élève ses fabriques, exerce le commerce et crée la richesse. Cette richesse est liée par d'intimes relations avec la nature du sol et du climat : une grande civilisation ne pourrait pas se développer dans le Sahara; sur les terrains houillers, presque déserts il y a deux cents ans, se pressent aujourd'hui les grandes industries et les populations. Il importe de faire comprendre ces relations et mille autres encore, comme celles qui existent entre la constitution géologique, l'altitude des terrains et le mode de culture, entre la direction des eaux et celle des voies de commerce. Si l'homme est l'artisan de la richesse et si la plus grande part lui revient dans l'œuvre de la création économique, l'artisan a besoin de la matière pour travailler, et presque toujours la direction qu'il donne à son activité est en rapport avec les conditions du sol sur lequel il vit. M. Élie de Beaumont l'a dit bien avant nous. Il est bon de faire passer dans l'enseignement secondaire quelque chose de ces utiles connaissances, et d'ouvrir ainsi l'esprit des jeunes gens au sentiment des lois naturelles de l'économie politique.

«C'est ainsi que la géographie, éclairée d'un côté par les sciences mathématiques et physiques qui lui montrent le secret du monde matériel, de l'autre côté par les sciences morales et politiques qui l'aident à comprendre les œuvres de l'homme, devient une étude plus profitable à l'enseignement.»

Depuis l'année 1865, le matériel des livres d'enseignement géographique a été presque entièrement renouvelé, et les auteurs se sont appliqués à les mettre en harmonie avec les programmes de 1865 et de 1872-74. Le Jury de l'Exposition de Vienne s'est en général, ainsi que nous l'avons dit, systématiquement abstenu de juger les auteurs de livres, lorsque ceux-ci ne se présentaient pas eux-mêmes comme exposants : nous nous contenterons donc d'énumérer rapidement les ouvrages qui présentent un intérêt particulier au point de vue de la méthode.

Quoique la France paraisse jusqu'à présent faire moins que l'Allemagne usage des tableaux noirs, sur lesquels est peinte une carte muette, elle en avait cependant envoyé à Vienne un certain nombre. L'idée n'est pas nouvelle : la maison Hachette en offrait déjà au corps enseignant sur son catalogue de 1833. Mais le corps enseignant goûtait très-médiocrement alors cet instrument, qui aide beaucoup à la clarté de la démonstration, mais à la condition qu'il soit bien fait et que le maître sache l'employer. Il faut que ces tableaux soient, non pas des cartes toutes faites, mais des cadres portant seulement les points de repère nécessaires pour guider la main du maître et pour lui permettre de connaître avec certitude si l'élève, placé devant le tableau et répondant la craie à la main, sait réellement sa leçon.

Comme la géographie physique doit avoir dans l'enseignement le rôle prédominant, je pense qu'il vaut mieux emprunter les points de repère aux circonscriptions administratives, qui forment d'ailleurs tout un réseau ressemblant à un quadrillage, et qui obligent l'élève à tracer lui-même, dans leurs cadres déterminés, fleuves et montagnes : c'est la méthode que nous avions adoptée pour notre enseignement de la Sorbonne dès l'année 1868, et que nous employons dans notre tableau-carte (Europe et France) sur toile cirée, exposé par M. Delagrave, et dans notre globe en noir; c'est celle qu'ont adoptée également la maison Hachette et l'Institut des frères des écoles chrétiennes.

Les cahiers de petites cartes muettes de M. Delagrave, où sont dressés tous les pays du globe, sont composés dans le même système : pour les plus importants, comme la France et l'Europe, ils contiennent même trois cartes distinctes, une avec les limites administratives, dont les élèves doivent se servir pour tracer la géographie physique, une avec les fleuves et montagnes, pour tracer les limites administratives, une avec les degrés seulement. Sont dressées d'après le même système les cartes muettes de l'Institut des frères, les cartes sur carton ardoisé de M. Delagrave et celle de M. Suzanne; les cartes sur fond noir de A. Dhéré, servant à la fois de carte muette analytique et de tableau; les cartes de M. Lorne, qu'expose la maison Hachette et qui, imprimées sur métal émaillé, peuvent servir indéfiniment comme une ardoise. Autre est le système de M. Gervais : il donne aux élèves une carte muette complète, principalement la carte de leur département; il place la lettre initiale de chaque nom et détermine l'espace dans lequel le nom même doit être écrit. Les cartes muettes du frère Alexis Gochet peuvent se rattacher à ce dernier système, qui s'adresse surtout aux premiers débuts de l'enseignement.

Sur des cartes muettes de ce genre, avec deux crayons de couleur, l'un bleu et l'autre bistre, un élève peut très-rapidement dessiner une carte qui lui apprend beaucoup, parce qu'il est obligé de faire concorder son travail avec les repères, et qui le flatte, parce qu'elle produit aisément un effet saisissant; nous avons vu de bons essais de ce genre, que le recteur de Grenoble a imaginé de faire exécuter par les jeunes filles de l'École normale de Saint-Egrève.

Les livres de géographie pour les écoles primaires étaient nombreux. Ceux de M. Eysserie ont eu des premiers le mérite d'insérer dans le texte même des croquis de cartes. Le Globe illustré de M. E. Cortambert, édité par MM. Hachette, et la Première année de géographie de MM. Foncin, éditée par M. Colin, réunissaient dans un même livre trois choses qu'il est bon d'associer, autant que possible, dans l'enseignement élémentaire, comme le pratique déjà depuis assez longtemps M. Arnold-Guyot aux États-Unis. L'association intime des figures et du texte est précisément un des caractères des publications élémentaires de M. E. Levasseur, éditées par M. Delagrave, telles que : Premières notions sur la géographie, Géographie des écoles primaires (petit cours), Géographie des cinq parties du monde (cours moyen), etc.

Des publications ont été faites en vue de répandre la connaissance de la géographie départementale et l'étude de la commune. La géographie (histoire, statistique et archéologie) des 89 départements de la France par M. Joanne est une collection dont les premiers volumes avaient paru avant la guerre; elle est surtout destinée aux instituteurs ou aux élèves des écoles normales, et elle est, avec l'Atlas des départements qui l'accompagne et le

Dictionnaire géographique de la France par le même auteur, au nombre des travaux les plus complets et les plus consciencieux que nous ayons sur notre propre pays. Les petites géographies du département, précédées de la géographie d'une commune et rédigées par divers auteurs, sous la direction de M. E. Levasseur, sont faites en vue des élèves et pour l'enseignement primaire : la collection compte aujourd'hui environ trente-cinq volumes. Plusieurs autres géographies de département pourraient être citées : nous avons remarqué à l'Exposition celle du Lot-et-Garonne, qui a été rédigée par un instituteur, M. Amien. Nous aurions désiré y trouver les travaux de M. de Rouville, professeur à la Faculté de Montpellier, qui a entrepris de faire, avec la collaboration des instituteurs, les cartes géologiques cantonales du département de l'Hérault.

Dans l'enseignement secondaire, nous mentionnerons les cours de géographie rédigés par M. Périgot pour les classes de grammaire, et par M. E. Levasseur pour les classes supérieures (la Terre moins l'Europe, l'Europe moins la France, la France avec ses colonies) et pour la seconde et la troisième année de l'enseignement spécial; les ouvrages sur la géographie physique par M. Roche, édités par M. Delagrave; les cours rédigés par M. Pigeonneau et édités par M. Belin; les cours de M. Cortambert, édités par MM. Hachette; le Malte-Brun revu par M. Cortambert; le Malte-Brun illustré, édité par M. Huot; le Malte-Brun revu par Lavallée et édité par Furne et Cie; la géographie militaire de Lavallée, éditée par Charpentier et refondue; la géographie générale par M. Dussieux, ouvrage qui fait grand honneur à l'érudition de l'auteur; l'Europe (moins la France) par M. Grégoire; la géographie de Balbi revue par M. Chotard et éditée par M. Loones; les deux volumes de géographie de M. Onésime Reclus, édités par M. Mulo, que le Jury a récompensés, voulant faire remonter indirectement la récompense jusqu'à l'auteur d'un ouvrage qui, malgré quelques digressions hors de propos dans un livre classique, est inspiré par un sentiment remarquable des beautés de la nature et par une vive intelligence de la science géographique.

En dehors des livres classiques proprement dits, nous devons, avant de terminer, citer encore un certain nombre d'ouvrages et de publications qui ont exercé et exercent indirectement une bonne influence sur les études géographiques : d'abord deux ouvrages dont le point de vue philosophique est très-différent, mais qui tous deux font comprendre la nature et aimer la géographie, la Terre, par Élisée Reclus, éditée par MM. Hachette, et les Montagnes, par M. Dupaigne, éditées par M. Mame; une série de romans par M. J. Verne, que nous croyons juste de faire figurer ici, parce qu'ils ont assurément contribué à répandre le goût de la géographie; la collection des Guides de M. Joanne, dont plusieurs peuvent être assimilés à de véritables travaux d'érudition géographique; l'Année géographique de M. Vivien de Saint-Martin, publiée par MM. Hachette; l'Histoire de la géographie par M. Vivien de Saint-Martin, avec atlas; la savante publication de la Table de Peutinger, avec texte, par M. E. Desjardins; le Tour du Monde, qui est dirigé par M. Charton et qui est peut-être aujourd'hui en Europe le plus important recueil périodique de voyages illustrés; le Bulletin de la Société de géographie de Paris, publié sous la direction de M. Maunoir, secrétaire général de la Société, et donnant chaque mois une ou deux cartes, des récits originaux de voyages et des travaux sur les questions intéressant la science géographique, et enfin une publication nouvelle, l'Explorateur, entreprise sous les auspices de la Commission de géographie commerciale, par MM. Puissant et Hertz, depuis la clôture de l'Exposition.

E. LEVASSEUR.